Ensino superior e formação para o trabalho

FUNDAÇÃO EDITORA DA UNESP

Presidente do Conselho Curador
Mário Sérgio Vasconcelos

Diretor-Presidente
Jézio Hernani Bomfim Gutierre

Superintendente Administrativo e Financeiro
William de Souza Agostinho

Conselho Editorial Acadêmico
Danilo Rothberg
João Luís Cardoso Tápias Ceccantini
Luiz Fernando Ayerbe
Marcelo Takeshi Yamashita
Maria Cristina Pereira Lima
Milton Terumitsu Sogabe
Newton La Scala Júnior
Pedro Angelo Pagni
Renata Junqueira de Souza
Rosa Maria Feiteiro Cavalari

Editores-Adjuntos
Anderson Nobara
Leandro Rodrigues

PROGRAMA DE PÓS-GRADUAÇÃO EM RELAÇÕES
INTERNACIONAIS SAN TIAGO DANTAS
Universidade Estadual Paulista – UNESP
Universidade Estadual de Campinas – UNICAMP
Pontifícia Universidade Católica de São Paulo – PUC-SP

REGINALDO C. MORAES

Ensino superior e formação para o trabalho

Reflexões sobre a experiência norte-americana

© 2019 Editora Unesp

Direitos de publicação reservados à:
Fundação Editora da Unesp (FEU)
Praça da Sé, 108
01001-900 – São Paulo – SP
Tel.: (0xx11) 3242-7171
Fax: (0xx11) 3242-7172
www.editoraunesp.com.br
www.livrariaunesp.com.br
atendimento.editora@unesp.br

Programa de Pós-Graduação em Relações
Internacionais San Tiago Dantas
Praça da Sé, 108 – 3º andar
01001-900 – São Paulo – SP
Tel.: (0xx11) 3101-0027
www.unesp.br/santiagodantassp
www.pucsp.br/santiagodantassp
www.ifch.br/unicamp.br/pos
relinter@reitoria.unesp.br

Dados Internacionais de Catalogação na Publicação (CIP) de acordo com ISBD
Elaborado por Odilio Hilario Moreira Junior - CRB-8/9949

M827e
   Moraes, Reginaldo C.
      Ensino superior e formação para o trabalho: reflexões sobre a experiência norte-americana / Reginaldo C. Moraes. – São Paulo: Editora Unesp, 2019.

     Inclui bibliografia.
     ISBN: 978-85-393-0816-3

     1. Ensino superior. 2. Ensino profissionalizante. 3. Mercado de trabalho. I. Título.

2019-1787   CDD: 378
                                                                                            CDU: 378

Esta publicação contou com apoio da Fundação de Amparo à Pesquisa do Estado de São Paulo (Fapesp, processo n.2014/50935-9).

Editora afiliada:

Sumário

Apresentação   7

PARTE I – METAMORFOSES DO TRABALHO E
NOVAS COMPETÊNCIAS

1   Da nação em risco à temática das "novas
habilidades" – muitas respostas em busca de uma
pergunta   15

2   Muda o posto de trabalho, muda o perfil do
trabalhador   27

3   A codificação das tarefas, o mercado de trabalho e
as novas competências profissionais   39

4   A nova onda de *offshoring* dos empregos torna
menos relevante a qualificação da força de
trabalho "técnica"?   45

5   Mudanças no mercado de trabalho norte-americano:
um novo perfil, novas qualificações, novas
exigências educativas?   53

PARTE II – *APPRENTICESHIP* – EM BUSCA DE UMA
NOVA PEDAGOGIA?

6   Modos de ensinar o trabalho: debate norte-americano
sobre o *apprenticeship*, tendo como ideia reguladora o
modelo dual alemão   61

7 *Apprenticeship* e a inspiração alemã – o estudo de Stephen F. Hamilton   69

8 Os diferentes usos da *apprenticeship* – modelo para educação vocacional e/ou inspiradora para a reforma do ensino superior   75

PARTE III – LIMITES DA ESCOLA

9 Pedra no meio do caminho – um fator não educacional no debate sobre formação de *skills*   89

PARTE IV – O *COMMUNITY COLLEGE* E A ALTERNATIVA AO BACHARELADO

10 A educação dos eleitos e o que resta para o resto – dilemas não apenas norte-americanos   97

11 EUA e Alemanha: dois modelos de educação   101

12 Todos pela educação, mas nem todos do mesmo modo   105

13 Vícios e virtudes da educação como panaceia   109

14 *Other Ways to Win* – alternativas ao *College for All* como crença compartilhada e como política pública   113

15 Ascensão e crise do vocacionalismo. O *Community College* e o *Noncredit Course*   123

16 Balanço provisório. Sem conclusão e sem teste de hipótese   131

Referências bibliográficas   135

Apresentação

Este livro é um dos resultados de pesquisa apoiada pela Fapesp (Fundação de Amparo à Pesquisa do Estado de São Paulo) entre os anos de 2016 e 2018.[1] Há mais ou menos dois anos, comecei a levantar informações sobre programas de *"workforce development"* envolvendo *community colleges* (CCs), as singulares escolas norte-americanas que ficam na fronteira do ensino médio com o superior. Em livro anterior, havia procurado mostrar que essa inclinação já era forte na fase de implantação dos CCs, no começo do século XX. Mas ela se acentuou recentemente. Ainda no final do século XX, inúmeros CCs criaram unidades especiais voltadas para ensino vocacional. No começo do novo milênio, um balanço do governo federal mostrava que os estudantes dessas unidades, nos *two-year colleges* públicos, já eram mais numerosos dos que aqueles matriculados em cursos regulares (U. S. Government Accounting Office, 2005).

Parecia-me importante entender as raízes do estímulo a tais programas, por parte dos governos estaduais e do governo federal. Queria entender, além disso, suas dificuldades e seus resultados, bem como o impacto dessas iniciativas no debate já antigo sobre o "ensino vocacional", seus métodos, públicos e conteúdos.

---

1 Processo 2016/22346-4. O autor também foi beneficiado por uma bolsa de produtividade em pesquisa do CNPq (Conselho Nacional de Desenvolvimento Científico e Tecnológico).

O tema trazia à tona um aspecto marcante da sociedade norte-americana, o contraste entre seu formidável, invejado e copiado sistema de educação superior e os "pés de barro" identificados em seu frágil sistema de educação elementar, média e profissional.

A pesquisa também levava a perguntar qual era a relação entre a educação superior e a educação média e profissional, em diferentes modelos educativos. Assim, a recente inclinação dos *community colleges* e agências estaduais especializadas para o chamado *workforce development* era confrontada com o prestigioso sistema de "aprendizagem dual" alemão e a implantação progressiva das *Séctions de technicien supérieur* francesas. Esses dois modelos figuraram frequentemente como parâmetro comparativo para a continuidade do estudo sobre a experiência norte-americana. É relevante notar que a Alemanha tem um grau de cobertura do ensino superior menor do que a França e os Estados Unidos. Alguns analistas sugerem que isso ocorre, entre outras razões, pelo fato de que França e Estados Unidos procuram resolver no nível superior um problema que não resolveram no nível do ensino médio e profissional.

O fato de os programas vocacionais se desenvolverem principalmente em CCs é, de certo modo, fácil de entender. Essa escola – uma "invenção norte-americana" – habita um campo nebuloso que se situa entre o ensino médio e o ensino superior. Aí se produzem, em grande medida, a educação e o treinamento de trabalhadores portadores de *some college*: concluíram a *high school* e, em boa parte, fazem um ou dois anos de ensino superior, por vezes obtendo um *associate degree*, outras, um *certificate* de cursos mais curtos e focalizados.

Em livro anterior (Moraes, 2015), mostrei que, desde o seu nascimento, o *junior college* (primeira denominação do *two-year college*) tinha pelo menos duas definições ou concepções em disputa. Alguns líderes acadêmicos (como William Rainey Harper, reitor da Universidade de Chicago) o encaravam como uma espécie de instituição-ponte, uma escola propedêutica que resolvesse um problema: os estudantes norte-americanos, ao contrário dos alemães, tomados como referência, eram mais imaturos e menos preparados do ponto de vista acadêmico, dada a inferioridade da *high school* diante do *gimnasyum* alemão. Assim, Harper acreditava que os dois primeiros anos que então eram cursados no *college* (graduação) da universidade deveriam ser alocados nesse tipo de escola, reservando os mais maduros e formados para a *true university*, cada vez mais identificada com o modelo inspirador germânico. Nesse arrazoado, o *junior college* era uma instituição de ensino superior, mas de novo tipo. Essa questão dividiu os militantes do movimento *junior college*,[2] com duas grandes posições, que podemos personalizar em Walter Eells, primeiro presidente da Associação Nacional de JCs, e Leonard Vincent Koos, escritor prolífico e profeta do sistema. Ambos coincidiam na afirmação de que se tratava de um ensino com fim em si mesmo, e não necessariamente como ponte para um outro – para eles, o *junior college* era fundamentalmente uma escola "terminal" e não propedêutica, preparatória para o *4-year college*. Contudo, Eells enquadrava a instituição no nível superior. Já Koos preferia vê-la como parte do ensino médio, uma modalidade de educação voltada para a formação daquilo que chamava de "semiprofissões" (Moraes, 2015, cap.4).

A ambiguidade identitária seguiu em frente, inclusive quando a denominação mudou para *community college*. Mesmo hoje, é um campo em disputa. Há um forte movimento que leva os CCs a operar como uma espécie de dispositivo redutor de despesas para as famílias: estudantes fazem dois anos de "educação geral" em um CC de boa qualidade e, em seguida, são transferidos para *4-year colleges*, onde concluem um "*major*", um bacharelado com perfil profissional definido. Isso baixa o custo e, para supostamente melhorar a operação, o diploma de *bachelor* geralmente não menciona o CC, mantendo o certificado final mais "limpo". Considerado nesse contexto, o CC funcionaria, aproximadamente, como a escola propedêutica superior de Harper. Por outro lado, há também um forte movimento "vocacionalista" que impulsiona a adesão dos CCs a programas estaduais a contratos de treinamento associados a empresas, o que se ligaria à outra concepção de *junior college* que mencionamos.

Esta segunda vertente – muitas vezes apelidada de *Vocational Education and Training* (VET) – também é reforçada por uma cada vez mais difundida comparação do sistema de educação profissional norte-americano (se é que se pode falar de um) com o de seus competidores, principalmente o alemão. Esse confronto é alimentado pela percepção da superioridade desses competidores na produção de inovações incrementais, mais próximas das aplicações no mundo "real" e do "chão de fábrica", e, também, na rapidez de incorporação de inovações, inclusive em segmentos produtivos ditos tradicionais. Essa percepção – e a proposta de criação, nos EUA, de programas de *apprenticeship* similares aos germânicos – é acolhida com simpatia por numerosos analistas, formuladores de políticas e dirigentes de organizações empresariais.

---

2 Essas expressões fazem sentido, já que se constituiu uma verdadeira cruzada, com a constituição de uma associação nacional (American Association of Junior Colleges – AAJC), em 1920, e uma revista especializada para o movimento (*Junior College Journal*, 1930).

Reginaldo C. Moraes

A malha de *Community Colleges*

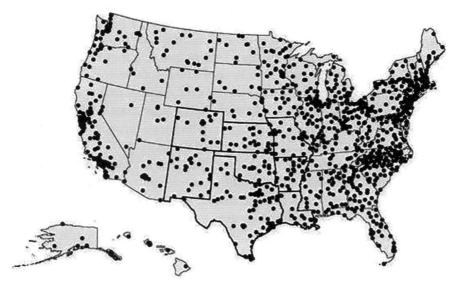

Fonte: Web site da American Association of Community Colleges.

Os CCs são particularmente atingidos por esses fatores, quer porque sejam "habitat" privilegiado dos "novos públicos da educação", quer porque, capilarizados, tornam-se também alvo privilegiado das manifestações locais e cotidianas dos problemas acima listados.

No começo dos anos 1980, K. Patricia Cross escreveu um artigo cujo título estampava uma expectativa que já na época parecia declinar: "*Community Colleges on the Plateau*" (Cross, 1981). Já no final da década, Cross voltava ao tema para responder a perguntas que deixara no ar (Cross; Fideler, 1989). Aparentemente, a mesma avaliação morna, a mesma impressão de baixa turbulência: "nós próximos anos, o desafio para os *community colleges* será equilibrar flexibilidade e capacidade de resposta às mudanças sociais, com integridade institucional e compromisso contínuo com as comunidades que servem".

Aparentemente, baixa turbulência. Contudo, o segredo talvez residisse no final da frase acima: esse "contínuo compromisso com as comunidades que servem" dependia, claro, dos movimentos geológicos observados nessas comunidades. E eles eram fortes, crescentes.

De fato, os CCs tinham chegado à idade adulta. Cresceram como nenhum outro setor da educação superior norte-americana. Mas eles o faziam com uma identidade, ela própria, submetida a choques. Eram responsáveis pela chegada da "massificação" a um público antes desertado – os negros.[3] Além disso, eram forçados a responder à terceira onda de imigração para os EUA, a chegada em massa dos latinos.

O detalhe da onda migratória revelar-se-ia tremendamente importante na reconfiguração da comunidade mencionada por Cross. Como indicamos em estudos anteriores, a primeira onda migratória tinha sido composta de ingressantes já anglo-falantes (irlandeses, sobretudo). A segunda, ainda de europeus, carregava um problema adicional, tinham outro idioma e hábitos, precisavam ser "americanizados". A terceira onda, no final do século XX, é composta sobretudo de latinos, que também precisam ser incorporados ao idioma e aos "modos de vida" norte-americanos. Calcula-se que a participação de imigrantes na população ocupada, nos anos 1920, era superior a 20%. Richard Nelson e Gavin Wright estimam que na manufatura isso era quase três vezes maior. Em 1980, o percentual teria caído para pouco mais de 7%, mas voltou a subir para quase 20% em 2000. Essa última taxa parece subestimada por levar em conta apenas a imigração legal. O detalhe demográfico deve ser combinado com a conhecida "vocação" dos *community colleges* para abrigar essas minorias étnicas. Assim, não surpreende que, em número de matrículas, a disciplina "Inglês como Segunda Língua" (ESL – English as a Second Language) seja uma campeã nacional.

Os CCs tinham que responder, também, a um terremoto no mundo do trabalho, ou vários terremotos – competição internacional mais acentuada, automação, reformas profundas na organização do trabalho e na estruturação das empresas, pressão para a formação de *new skills*.

O debate sobre as respostas a tais desafios empacava em algumas ambiguidades. Três delas parecem mais fortes:

1. A definição estreita de "vocacional". Curiosamente, isso aparece por uma via inesperada. Notamos, mais adiante neste livro, como Dale Parnell, por exemplo, insistia nessa ambiguidade embaraçosa. Uma literatura recente tem batido em tecla parecida, mas de outro ângulo. Dois ou três livros recém-publicados tentam mostrar como a educação do "bacharelado genérico" produzida pelos *liberal arts colleges* tinha um resultado "vocacional" muito forte (Stross, 2017; Andres, 2017; Davidson, 2017). O livro de Randall Stross, por exemplo, descreve longamente ocupações sofisticadas e aparentemente muito "técnicas" que foram seguidamente preenchidas por bacharéis em

---

3 Para comentário sobre a marginalização dos negros no magnífico crescimento do ensino superior no Pós-Guerra (Moraes, 2017).

liberal arts, aparentemente pouco "vocacionais" em sua definição. Mas o que se depreende, da própria descrição, é uma pergunta ainda mais inquietante: era necessário ter feito esse *bachelor*? Isso não demonstra a fragilidade da escola média, com o desmantelamento progressivo de suas disciplinas e práticas vocacionais? Não induz a pensar em cursos modulares, ao longo da vida, mais do que em um momento de preparação para o "todo sempre" de uma idade adulta?

2. A problematização do ensino, que não deveria centrar-se apenas nos "novos conteúdos", mas, também, em novas formas. Nesse eixo, temas como a *apprenticeship* ao modo alemão reaparece com frequência, voltando-se não apenas para a sua velha e consagrada área de ensino industrial, mas, também, para as ocupações superiores de alto prestígio e sofisticação (medicina, direito, engenharia etc.). Assim, volta ao debate o tema da formação do "profissional reflexivo" de Donald Schön, em que o ensino por projeto é essencial. Ou a proposição de estender formas de ensino vocacional também para os estudantes secundários "orientados" para o *college* (*college bound*).

3. A multiplicação de propostas de vias alternativas ao *college for all*, outras "vias" para a transição dos jovens à idade adulta e ao mundo do trabalho.

Desse modo, o livro foi ganhando a forma que se apresenta ao leitor. Na primeira parte, agrupamos capítulos que discutem a relação entre as principais transformações no mundo do trabalho e as propostas de adequação dos programas vocacionais. Na segunda, focalizamos especificamente a estratégia pedagógica da *apprenticeship*, a aprendizagem ativa (e dual) inspirada no modelo alemão. Discutimos, na terceira parte, os limites não escolares das reformas educativas, fatores nem sempre considerados nos debates correntes. E, por fim, na quarta parte, olhamos mais de perto o impacto disso tudo nos *community colleges* e suas formas alternativas ao bacharelado, à clássica demanda do *college for all*. O leitor pode até optar por formas diferentes de ler o livro, mudando essa sequência, embora ela nos pareça a mais recomendável para compor a lógica da exposição.

Para concluir esta apresentação, talvez valha a pena alertar o leitor para uma impressão que certamente o assaltará com alguma frequência: nem sempre estamos falando apenas de problemas "deles". E, talvez, falar dos males dos outros nos induza a olhar com menos indulgência os nossos próprios desafios e impropriedades.

PARTE I
METAMORFOSES DO TRABALHO E NOVAS COMPETÊNCIAS

1
Da nação em risco à temática das "novas habilidades" – muitas respostas em busca de uma pergunta

Desde o início dos anos 1980, numerosas "comissões" e grupos de trabalho produziram *reports* sobre a necessidade de reavaliar e reformar a educação norte-americana – principalmente no que diz respeito à sua capacidade de responder aos desafios da nova economia. Os estudos eram patrocinados por entidades governamentais, fundações privadas, centros independentes. Vários deles incidiam sobre a relação educação--trabalho – alguns focalizando o ensino vocacional estritamente, outros tomando essa relação no conjunto do sistema educativo.

Antes de comentá-los, talvez seja pertinente indagar por que se multiplicam com mais velocidade em tais circunstâncias. Ao que nos parece, a emergência dos problemas que eles tematizam tem a ver com esse momento, ou, mais precisamente, com a década que dividiu em duas fases muito distintas a história norte-americana depois da Segunda Guerra Mundial. Judith Stein chamou os anos de 1970 de "década pivotal" (Stein, 2010). Não por acaso, o momento foi marcado pelo nascimento de uma literatura do declinismo, uma difundida crença, em numerosos círculos intelectuais, de que o dinamismo norte-americano havia atingido um clímax e entrara em uma trajetória de queda. A percepção era curiosa, porque, do outro lado do Atlântico, alguns analistas diziam o mesmo das economias europeias (Froebel; Heinrichs; Kreye, 1980, p.2-3).

E o que dizem esses relatórios?

Nation at Risk – 1983

Nesse conjunto de textos alarmistas, talvez se possa afirmar que o documento mais citado e influente seja aquele patrocinado pelo primeiro governo Reagan: *A Nation at Risk: The Imperative for Educational Reform* (National Commission on Excellence in Education, 1983). Redigido com termos fortes e utilizando imagens que remetiam à estratégia militar, o documento foi saudado pelo presidente e sua equipe como uma espécie de caução de "entendedores" para sua política privatizante.

O relatório começa por afirmar, como quadro de referência analítica, o novo ambiente de competição econômica internacional: as empresas norte-americanas já não reinavam incontestes nesse campo. Embora aceite a ressalva de que educação não se reduz a essa única dimensão, nela vê um papel decisivo: "é a educação que sustenta a prosperidade, segurança e civilidade americanas".

Esse alegado pilar do modelo norte-americano está em risco, alertam os especialistas. A linguagem militar começa por aí, afirmando que a degradação do sistema educativo dos EUA poderia ser vista até mesmo como um ataque de inimigo externo, interessado em destruir as bases do país. Só que esse ataque é produzido pelos próprios norte-americanos, pela sua incúria ou displicência. Envolvido em uma "crescente onda de mediocridade", o sistema educacional norte-americano foi prejudicado por um "ato impensado de desarmamento educacional unilateral". Se a educação é uma "arma", seu solapamento pode ser qualificado como um desarmamento suicida. A paranoia da Guerra Fria brotava à flor da pele.

O relatório foi sobejamente utilizado para justificar não apenas uma ofensiva contra as escolas públicas, acusadas de inoperantes e ineficientes. Não é exagero afirmar que a Comissão tinha a resposta antes de formular a pergunta: as escolas estavam falhando na sua tarefa essencial e precisavam de uma chacoalhada disciplinar. O estudo seria frequentemente mencionado para sustentar políticas de avaliação que condicionavam repasses de recursos públicos. Mais fundo ainda, avalizava reformas que privatizavam o controle e o gerenciamento, as tais reformas "ao modo do mercado".

Alguns críticos lembraram a peculiar composição da "Comissão da Excelência": doze administradores, um comerciante, um químico e um físico, um político profissional, um ativista conservador, um professor. Deixava de incluir outros potenciais "interessados" ou "concernidos": estudantes ou egressos, famílias de estudantes, profissionais do campo (assistentes sociais, psicólogos, orientadores educacionais), sindicatos de professores, professores em atividade, acadêmicos estudiosos do tema. Um desses críticos comenta:

> Não é surpresa que uma Comissão dominada por administradores achasse que os problemas das escolas dos Estados Unidos fossem causados principalmente por professores pouco avaliados e alunos preguiçosos. Incompetência administrativa não estava na agenda. Nem a pobreza, a desigualdade e a discriminação racial. (Babones, 2015)

As reformas recomendadas pelo relatório seriam adotadas paulatinamente. Anunciadas como um "arrocho" necessário para produzir um bem no final do arco-íris. Como iriam mostrar análises críticas dos resultados, a "solução" gerava precisamente o contrário do que se alegava pretender. As escolas, longe de melhorar, produziam, precisamente, o mal que se buscava exorcizar. Com o adicional efeito de induzir professores a treinar para testes, utilizando para isso boa parte do tempo que, de fato, subtraiam ao ensino propriamente dito. E não era tão surpreendente. Em suma, a paranoia já visível no estilo do diagnóstico se somava à esquizofrenia no tratamento.

Essa cultura de testes padronizados já teve defensores ilustres, como a pedagoga Diane Ravitch, quando assessorava o presidente Bush (pai). Anos depois, Ravitch deu sua mão à palmatória (para usar uma metáfora adequada) e se dedicou a uma crítica demolidora dessa prática e da teoria que a sustenta (Ravitch, 2011).

Esse debate é muito rico – e não apenas para entender os problemas da educação norte-americana. Um aspecto menos notado é levantado por outra estudiosa, cujo argumento traduzo abaixo (pedindo adiantado perdão pelo tamanho do texto):

> Em última análise, a tarefa do professor excelente é estimular as pessoas "aparentemente comuns" a fazer um esforço incomum. Em que os relatórios sobre a reforma da escola têm contribuído para esse objetivo? Em primeiro lugar, surpreendentemente se dá pouca atenção às "pessoas comuns" nos relatórios de reforma escolar. A conclusão direta que deles sai é a de que a crescente onda de mediocridade é produzida por um número embaraçoso de pessoas comuns. Professores das faculdades são aconselhados a selecionar os melhores candidatos, faculdades são incentivadas a subir o padrão exigido para ingresso e o governo federal é convidado a oferecer bolsas de estudos para atrair para o ensino aqueles que se formam no nível superior. Não se fala muito, nos relatórios, sobre como estimular o esforço incomum de pessoas comuns com as quais, parece, estamos nos confrontando nas

Reginaldo C. Moraes

escolas e na maioria das faculdades. O problema difícil não é o de identificar os vencedores; é o de tornar vencedores as pessoas comuns. Este é, afinal, o grande objetivo da educação. Ainda assim, historicamente, na maioria das épocas em que se enfatiza a excelência, a educação foi convertida na atividade de selecionar vencedores, em vez de criá-los. (Cross, 1984)

Em suma, aquilo que Cross tem em vista é saber que papel deve ter a escola e como ela se enquadra em um modelo de ordem social, de escolhas coletivas. Mas esse não era um olhar usualmente adotado pelos *reports*, como veremos a seguir.

1984: Agenda não acabada ou agenda sem fim? O foco na oferta de ensino vocacional

Logo depois do tétrico *Nation at Risk*, um outro estudo encomendado ia também nessa direção, agora focalizando especificamente o ensino secundário vocacional.

Em janeiro de 1984, o Departamento de Educação – através de seu Office of Vocational and Adult Education – constituía a The National Commission on Secondary Vocational Education, que entregaria, em 1985, seu *report*: "The Unfinished Agenda. The Role of Vocational Education in the High School".

Dessa vez, os especialistas escolhem uma linha de convencimento politicamente mais palatável, substituindo a imagética militar pelo apelo da justiça social. Lamentam que se focalize obsessivamente a preparação para o trabalho ignorando o valor "intrínseco" da educação, para o conjunto da vida. Daí, sem mediações, transformam essa obsessão em outra matriz: a excessiva preocupação com os estudantes que se destinam ao ensino superior (*college bound*). Como a maioria dos jovens (80%, segundo os autores) não tem esse destino ou vocação, o sistema praticamente os ignora. Não era mentira, mas, não era toda a verdade, era aquela parte que convinha sublinhar.

Essas obsessões ou inclinações silenciosas do sistema, tal como alegadas pelo *report*, seriam responsáveis também por uma visão estereotipada e errada do "vocacional". Os autores do documento lembram que existem cursos usualmente rotulados como "acadêmicos" que, de fato, fornecem aos estudantes um tipo de preparação que é fundamental para o trabalho em muitos campos. Falar em público e escrever, por exemplo, são as "habilidades profissionais" mais evidentes para quem trabalha como advogado ou professor, para citar apenas duas carreiras muito definidas. O que dizer dos conhecimentos de biologia ou fisiologia, para quem vai trabalhar em atividades agropecuárias? Difícil discordar.

Um pouco mais tarde, um autor preocupado com esse ensino vocacional, Dale Parnell, traria ao debate um enfoque interessante:

> Alguns legisladores têm outra imagem da educação vocacional. É a imagem de que "não podemos sustentar isso". Em uma audiência legislativa lembro-me de um senador do estado, que também era professor de uma escola média, falando sobre o custo da educação para o trabalho. Ele disse, "não podemos sustentar uma educação para profissões. Porque, você sabia que poderíamos construir catorze ou quinze escolas secundárias regulares com aquilo que custa construir uma escola profissional?". Esta imagem erra de duas maneiras. Primeiro, educação vocacional e formação profissional não devem ser confundidas. A ideia de colégio profissional separado limita a noção de educação vocacional para a ideia de treinamento específico para determinados postos de trabalho. Segundo, a estimativa de custo do senador é apenas uma imagem construída na sua cabeça. Uma escola vocacional como ele imagina teria maçanetas banhadas a ouro e salões de mármore.
>
> É verdade, algumas salas de aula-trabalho específicas custam mais para equipar do que salas de aula para ensino de inglês, mas muitos delas, não. Por exemplo, falar em público é uma das habilidades de comunicação necessárias para muitas carreiras, por exemplo, a aplicação da lei, a enfermagem, vendas, ensino, o ofício religioso. Mas a aula de oratória não é vista como parte do programa de educação profissional na maioria das escolas. Claramente, a imagem errônea deve ser substituída por uma imagem mais precisa da educação vocacional. (Parnell, 1985)

Em 1988, a metade esquecida, lembrada e novamente esquecida. Foco na juventude que não está "destinada" ao ensino superior

Em 1988, a William T. Grant Foundation Commission on Work, Family and Citizenship publicou dois relatórios de pesquisa: "The Forgotten Half: Non-College Youth in America" e "The Forgotten Half: Pathways to Success for American Youth and Young Families" (William T. Grant Foundation, 1988a; id., 1988b).

Nenhum deles era apenas "mais um relatório" lamentando a situação das escolas norte-americanas. Eles, de certo modo, rejeitavam o enfoque firmado e consolidado pelo *Nation at Risk* e o cenário que traçava – aquele da "crescente onda de mediocridade em nossas escolas".

A Fundação queria "falar com uma voz diferente". Em suma: definir, de outro modo, o problema a resolver. O que ficava claro na resposta que davam a uma pergunta:

> Quem é essa metade esquecida? Em termos não estatísticos, são os jovens que constroem nossas casas, conduzem nossos ônibus, reparam nossos automóveis, consertam nossas televisões, trabalham em escritórios, escolas e hospitais e mantém as linhas de produção de nossas fábricas em movimento. Em grande medida, eles determinam o padrão de funcionamento da família, da economia e da democracia norte-americanas. Eles também são os milhares de jovens, homens e mulheres que desejam trabalhar de forma produtiva, mas quase nunca conseguem um emprego assim. Para esses membros da metade esquecida, suas vidas como adultos começam no limbo econômico do desemprego ou dos empregos com salários pobres. Muitos deles nunca se libertam. (Id., 1988b)

Esse público frequentemente ignorado reaparece ao longo dos debates.

Consenso bipartidário: o problema da economia norte-americana estaria na baixa qualificação de seus trabalhadores: *Skills, skills, skills...*

Em 1990, um grupo de democratas e republicanos, organizados em torno do National Center on Education and Employment, formou mais uma comissão de especialistas: a Commission on the Skill of the American Workforce. E publicou um relatório denominado "America's Choice: High Skills or Low Wages" (Commission on the Skills of the American Workforce, 1990).

O relatório receitava a formação de *skills* como uma alavanca para aumentar a produtividade perdida. Evidentemente isso supunha que o declínio de produtividade registrado na década anterior se devia à ausência dos tais *skills*. Curiosamente, logo nos anos seguintes ao relatório houve um significativo crescimento de produtividade, utilizando a mesma força de trabalho desqualificada pelo relatório. Aparentemente isso não assombrou a Comissão, que, depois, sob novo nome e mesma direção (Marc Tucker) editava um relatório com tom e receitas similares ("Tough times", comentado mais adiante).

O argumento da Comissão é algo contorcido, barroco. Vale a pena olhar mais de perto. Começa-se por descrever a forma de organização do trabalho reinante nos EUA – o *Taylor model*. E lembra: "A maior parte dos que trabalham neste modelo não precisam de educação".

Como dizem, porém, desde os anos 1970, a produtividade caía visivelmente e algo tinha que ser feito. Mudar o modo de produzir. E, para isso, uma nova força de trabalho teria que ser formada. Ora, por que não se registravam evidências de uma escassez de competências e habilidades, um *skill shortage*? – pergunta a comissão, para, em seguida, responder:

> A razão pela qual não temos nenhuma falta de habilidades hoje é que nós estamos usando uma organização de trabalho da virada do século. Se quisermos competir mais eficazmente na economia global, teremos que nos mover para uma organização de trabalho de alta produtividade. (Ibid., 1990)

Haveria uma escolha ruim, a do país baseado em salários baixos, baixa produtividade, baixa competência. Para viabilizar a outra via, a do país de *high skills*, contemporâneo da nova revolução industrial em curso, seria necessário um outro sistema formador de força de trabalho. Infelizmente, diz o relatório,

> A América talvez tenha o pior sistema de transição escola-trabalho de qualquer país industrial avançado. (Ibid., 1990)

Sobretudo, faz falta um sistema capaz de gerar padrões altos de competência entre os *non-college bound*. O que isso nos ensina?

> Ainda temos tempo para fazer a outra escolha, aquela que nos levará a um futuro mais próspero. Para fazer esta escolha, devemos mudar fundamentalmente nossa compreensão do trabalho e da educação. (Ibid., 1990)

Isso exigia concentrar esforços em um segmento da população ativa (ou potencialmente ativa), o segmento menos lembrado: "A América prepara para o trabalho apenas uma pequena porção de seus estudantes que não vão para a faculdade (*non-college bound students*)" (ibid., 1990).

Quase vinte anos depois, o mesmo grupo esteve na origem da New Commission on the Skills of the American Workforce, editando o relatório "Tough Choices, Tough Times - the Report of the New Commission on the Skills of the American Workforce" (New Commission on the Skills of the American Workforce, 2007). Veremos, mais adiante, esse novo passo. O quadro analítico mudaria um pouco, mas o enfoque, nem tanto. Mais relevante, porém, é registrar um acidente de percurso nas avaliações geradas por simpatizantes das reformas liberalizantes filo-reaganianas.

Uma pedra no meio do caminho: o *Sandia Report* de 1991

Em 1990, ocorreu uma improvável revisão do *Nation at Risk*. Improvável porque deflagrada pelo secretário de Energia, o almirante James Watkins, que encomendou a um instituto de pesquisa dos Laboratórios Sandia, do Novo México, uma atualização dos dados de 1983. A atualização mostrou inconsistências graves do relatório anterior. De fato, desagregando os indicadores de desempenho dos estudantes por subgrupos, chegava-se à conclusão de que todos esses subgrupos tinham melhorado (inclusive as minorias étnicas). A média caía porque, em enquetes precedentes, se computava apenas o subgrupo superior. O relatório foi engavetado pelo governo Bush (pai) e publicado apenas como artigo na revista *Education Week*, em 1991, passando, assim, quase desapercebido. Afinal, contrapunha-se ao *Nation at Risk* e aos interesses do governo Bush (pai) – isto é, não embasava argumentos linchando a escola pública.

SCANS – nova sigla, não necessariamente novos temas (1991)

Em 1991 é a vez do Departamento do Trabalho constituir sua força-tarefa destinada a desvendar os renitentes problemas da formação vocacional.

Assim, constitui-se a Secretary's Commission on Achieving Necessary Skills (SCANS). Seu relatório ("What Work Requires of Schools – A SCANS Report for America 2000") consolidou a sigla, SCANS (1991).

O tom parece o mesmo dos relatórios anteriores: o mundo mudou, precisamos mudar nossa educação. Antes, a indústria norte-americana reinava sem competidores e organizava sua produção nas linhas de montagem e na padronização taylorista da usinagem da produção de componentes. Hoje, não é mais assim – mudou o cenário, com os competidores europeus e asiáticos, mudou a fábrica, agora mais diversificada e flexível.

Ora, deve mudar também o trabalhador recrutado:

> As empresas devem atender a padrões de classe mundial e os trabalhadores também. Os empregadores buscam a adaptabilidade e a capacidade de aprender e trabalhar em equipe. (SCANS, 1991)

Já passou o tempo em que um diploma de *high school* era suficiente para começar a trabalhar. "O mundo mudou. O trabalho está mudando."

Ensino superior e formação para o trabalho

A formação da força de trabalho deve também mudar, privilegiando competências e habilidades de novo estilo. E a educação precisa deixar sua forma tradicional:

> Depois de examinar as descobertas da ciência cognitiva, acreditamos que a maneira mais eficaz de ensinar habilidades é fazer isso "no contexto". Colocar os objetivos de aprendizagem em ambientes reais é melhor que insistir que os alunos aprendam primeiro em abstrato aquilo que em seguida se espera aplicar. (SCANS, 1991)

O relatório, de certo modo, abre o caminho para as propostas de educação "integrada" ao mundo do trabalho. Variadas formas de integração seriam sugeridas em múltiplos estudos nas décadas seguintes – novo vocacionalismo, educação cooperativa, *apprenticeship* à moda alemã etc.

O novo estudo do National Center on Education and the Economy, publicado em 2007, retoma a argumentação do relatório anterior "America's Choice: High Skills or Low Lages!" (Commission on the Skills of the American Workforce, 1990), mas afirma que o cenário passara, no mínimo, por uma radicalização das tendências antes verificadas: "Quando se produziu o relatório da primeira Comissão, em 1990, a globalização da economia mundial estava apenas começando". Desde então, algumas tendências se aprofundaram na forma de organização das empresas e na geografia dos empregos:

> Um século atrás, os Estados Unidos lideravam o mundo no processo de integração vertical, onde as corporações executavam todas as funções necessárias para entregar seus produtos no mercado, desde a mineração das matérias-primas até a venda desses produtos através de pontos de venda ao cliente final. Hoje, os Estados Unidos é mais uma vez um líder, desta vez na desconstrução da empresa verticalmente integrada. Analistas corporativos identificam cada etapa do processo e perguntam se a empresa é líder naquela etapa, e, se não, quem no mundo pode fazer isso funcionar no nível necessário de qualidade com o menor custo possível. A empresa, então, contrata os melhores fornecedores de cada um desses serviços e mantém apenas as funções que ela pode fazer melhor. Este é o *outsourcing*. As empresas que não fazem isto serão inevitavelmente colocadas fora do negócio por empresas que fazem.

Na verdade, dois fenômenos impactavam profundamente a demanda por força de trabalho de novo tipo – o *outsourcing* e a automação. Esta última atingia cada vez mais profissões e ocupações. Ao lado do *outsourcing* e da deslocalização de plantas industriais, a automação chegava para transtornar as ocupações e empregos. Os aspectos mais rotinizáveis do trabalho podiam ser convertidos em códigos e estes podiam ser embutidos em um equipamento. Assim, multidões de empregos bem pagos, responsáveis pela formação da famosa "classe média" trabalhadora norte-americana, seriam fulminados pelas engenhocas computadorizadas. Não apenas torneiros mecânicos ficariam obsoletos. Também as ocupações de *back-office*, rotinizáveis e automatizáveis.

E o que fazer com aqueles *non-college bound*, de escassa educação e deficiente treinamento?

> O principal problema é que nossos sistemas de educação e treinamento foram construídos para outra época, uma época em que a maioria dos trabalhadores necessitava apenas de uma educação rudimentar.

O relatório imagina como necessária uma mudança profunda. E ela pode ser cara, afinal, é a mudança de um sistema, não de elementos do sistema. A proposta é arrojada. A Comissão esboça até mesmo uma alteração no inteiro desenho do sistema educativo norte-americano, da sequência de escolas (fundamental, média, superior) e da passagem dos estudantes pelos diferentes degraus. O relatório é de 2007 e, pelo menos por enquanto, tais alterações não se fizeram observar, a não ser aquelas que já estavam sendo experimentadas (as privatizantes).

2011: Os caminhos da prosperidade e a preparação dos jovens norte-americanos

Em 2011, a escola de pós-graduação em Educação de Harvard lançou o projeto *Pathways to Prosperity*. O grupo de trabalho publicou, então, o relatório-mestre do projeto: "Pathways to Prosperity: Meeting the Challenge of Preparing Young Americans for the 21st Century" (Symonds; Schwartz; Ferguson, 2011).

O texto retoma o tema candente dos estudos da Fundação William T. Grant Foundation (1988): a persistência dos *forgotten half*, aqueles milhões e milhões de jovens norte-americanos que não chegavam ao *college* (*non--college bound*).

Dada a persistência desse público-problema, o *Pathway* (ibid., 2011) examina algumas das "lições que vêm de fora", mas busca uma *american solution*. A "solução americana" implicaria um sistema educativo com caminhos variados, uma reforma da escola que contemplasse essa diversidade de estudantes e de percursos ou destinos. Aparece, aqui, um tema que voltaremos a focalizar mais adiante neste livro, o dos "caminhos alternativos ao ensino superior".

Nosso atual sistema coloca demasiada ênfase em um único caminho para o sucesso: graduar em curso superior de quatro anos, depois de concluir um programa acadêmico preparatório no ensino médio. No entanto, como vimos, apenas trinta por cento dos jovens adultos concluem com êxito esta via preferencial, apesar de décadas de esforços para aumentar os números. E muitos deles concluem a faculdade sem uma concepção clara da carreira que querem seguir, muito menos um caminho para chegar lá.

[...]

Quando se trata de adolescentes, nós, os norte-americanos, parecemos acreditar que eles aprendem melhor ficando horas todo dia sentados em uma sala de aula. Se eles não dominam a alfabetização básica e as competências matemáticas quando entram no ensino médio, a resposta, em muitas escolas, é dar-lhes cargas redobradas de inglês e matemática. Os educadores da Europa do Norte, pelo contrário, acreditam que as habilidades acadêmicas são desenvolvidas com mais sucesso através de sua incorporação em problemas práticos complexos, onde os alunos aprendem a resolver no decorrer de sua escolarização e como parte dela. (Ibid., 2011)

2
MUDA O POSTO DE TRABALHO, MUDA O PERFIL DO TRABALHADOR

O capítulo anterior mostrou como o tema da educação da força de trabalho nos Estados Unidos aparece como desafio estratégico em uma série de estudos produzidos por comissões de especialistas, convocados pelo governo federal e também por universidades, institutos independentes e fundações filantrópicas.

Em contexto mais recente, pode-se notar que, desde 1980, ao lado desses estudos institucionais, floresceram artigos acadêmicos produzidos por estudiosos de diversas áreas – economistas, pedagogos, sociólogos, psicólogos, cientistas políticos.

A literatura é variada e diversa, mas, em geral, é possível vislumbrar um roteiro básico na estruturação dos argumentos: (1) registram-se as mudanças econômicas, sociais, demográficas, tecnológicas, bem como seus impactos na organização do trabalho e das ocupações; (2) a partir daí são examinadas as "exigências" com relação aos *skills* e à forma de organizar seu ensino, isto é, o *workforce development*. Um diagnóstico recorrente nesses estudos, sobretudo depois de 1980, é o do *skills gap*: a demanda de emprego tem mudado acentuadamente, outros conhecimentos e habilidades são exigidos dos trabalhadores e o estoque de força de trabalho não dispõe desses recursos para cobrir essa demanda. E assim se repetem alguns lemas: *skills gap, skills shortage, skills mismatch*. Variantes.

Em geral, quando esses estudos apontam uma mudança nos padrões de organização das empresas referem-se à passagem de uma produção em massa (taylor-fordista) para alguma forma de "acumulação flexível". Grande parte dos estudos também estabelece, como premissa fundamental, o processo de destruição de "velhas" ocupações e emergência de novas. Assim, ao lado do desaparecimento de certos empregos, haveria a criação de alguns outros – ou, ainda, o translado de determinadas ocupações para outras regiões (no país ou fora dele). Assim, empregos e ocupações sofreriam impactos de vetores fortes: (a) a automação, que destrói algumas ocupações, fomenta outras, transforma todas; (b) a subcontratação (*outsourcing*), inclusive fora do país (*offshore*), algo decorrente da alegada globalização das unidades produtivas e de suas cadeias.

A partir desse conjunto de premissas, relativas à transformação das empresas e do mercado de trabalho, são indicadas as pressões que essas mudanças exercem sobre as instituições formadoras de força de trabalho (como a escola): os novos tempos exigem novos conhecimentos e habilidades, novas formas de ensiná-las etc. Não se coloca em questão apenas o que ensinar, mas, também, quem ensina, como ensina, onde ensina. As perguntas e desafios se multiplicam:

Deve-se apostar em um *core* de *generic skills* transferíveis entre ocupações, em torno de algumas trilhas ocupacionais?

Até que ponto se deve adotar a prática da educação *just in time* e *just for you*, focalizada, em lugar da educação *just in case*, que aposta em uma preparação mais ampla do aprendiz, armado, desse modo, para definir o uso desses conhecimentos na ocasião em que sejam exigidos?

Em que ambiente se processa a aprendizagem – escola, local de trabalho, combinação entre os dois, como a alternativa *school-based* (escolas mimetizando a vida real) ou o *dual-system* germânico?

Quem é o docente? Um professor, um "treinador", um profissional do campo?

Como se ensina – com estruturas curriculares *discipline-based* (a escola com sua gramática especial) ou estruturas baseadas em algum modo renovado de *apprenticeship*, em que os desafios da prática estruturam, em boa medida, o insumo acadêmico necessário?

São questões como essas que aparecem no debate norte-americano recente. E é a esse debate que vamos dedicar algumas páginas, selecionando estudos e sintetizando seus argumentos e polêmicas.

A dupla hélice educação-economia e as transformações na organização do trabalho produtivo

O discurso dominante sobre a necessidade de *aggiornamento* do sistema educativo tem uma síntese útil em conhecido trabalho de Sue Berryman e Thomas Bailey (Bailey; Berryman, 1992).

O elo inicial do argumento de Berryman e Bailey[1] é o conjunto de mudanças da economia dos EUA (e de sua inserção na economia mundial), depois de 1980. Essas mudanças de grande porte implicam, dizem eles, mudanças no local de trabalho, no modo como se produz e se trabalha. Alguns desses sinais podem ser listados:

(a) competição internacional intensificada – a manufatura norte-americana, líder incontestada nos 25 gloriosos do pós-guerra, encontra fortes competidores europeus e japoneses;

(b) mudanças na tecnologia e na demanda se acumulam: passagem da produção em massa (número reduzido de produtos padronizados) para uma "acumulação flexível", com obsolescência mais rápida dos produtos e encurtamento da distância entre concepção e produção;

(c) esse novo cenário, bem mais incerto, força alterações nos postos de trabalho, com maiores exigências, demanda de novos *skills* e novas formas de gestão da força de trabalho (também bem mais "flexibilizada"), com empregos temporários, subcontratações etc.

Anotemos, de nossa parte, que essas mudanças no mundo da produção redefinem o velho taylor-fordismo – mas não necessariamente o aposentam. Como se sabe, o sistema de produção em massa supunha funções polarizadas: oficina *versus* prancheta. Assim, papéis se distribuíam em dois polos da operação: concepção e mando, de um lado, execução e obediência, de outro. Richard Nelson e Gavin Wright certa vez comentaram que, no começo do século XX, a manufatura norte-americana tinha a maior parte de sua mão de obra composta por imigrantes, de escassa "americanização"

---

1 Argumento já esboçado alguns anos antes por esta corrente de autores. Afirmam, de partida, que as mudanças na natureza do trabalho e das habilidades requeridas derivavam de "muitos fatores, incluindo a difusão de computadores e tecnologias eletrônicas, a passagem da economia da manufatura para a de serviços, a internacionalização da economia dos EUA e a desregulamentação". Daí, Bailey e Noyelle acrescentam ser necessário compreender como isso afeta, também, os processos e instituições através das quais se formam tais habilidades (Bailey; Noyelle, 1988).

e reduzido preparo especializado.[2] Aparentemente, isso só seria possível com essa forma de organização do local de trabalho – com o taylor-fordismo de usinagem padronizada e linha de montagem repetitiva.

Se o debate sobre "novos *skills*" e novas demandas de formação de tais *skills* é um fenômeno que ganha impulso no final dos anos 1980, o fundamento "estrutural" dessa mudança na força de trabalho fora antecipado bem antes, com as especulações sobre a formação da sociedade pós-industrial. Papel relevante, nesse caso, foi cumprido por um famoso ensaio de Daniel Bell (1973), uma visão algo "otimista" sobre tal sociedade, uma forma de organização econômica baseada no conhecimento mais do que nos recursos materiais e no trabalho "bruto". Dez anos mais tarde, um livro se estabeleceria como a referência decisiva para a discussão sobre a nova forma da produção (sobretudo da produção manufatureira, mas não apenas). Trata-se de *The Second Industrial Divide* (1984), de Michael Piore e Charles Sabel. Ali se argumenta que chegava ao fim a era da produção manufatureira de bens padronizados, encarnada em corporações gigantes verticalmente integradas. Em seu lugar surgiria uma nova forma de manufatura, caracterizada por mais competição, produção "em lotes" menores, mais diversificados, com mudanças mais rápidas nas alterações de modelo, gênero etc. Essa forma de produção exigiria um outro tipo de composição do trabalho, com mais *inputs* de "serviços" ou de atividades auxiliares, menos coladas ao trabalho dos *blue-collar*. Nesse caso, a tecnologia programável e constantemente reprogramável deveria operar com trabalhadores dotados de habilidades mais amplas e sofisticadas.

Rosenbaum (1992) parece oferecer uma síntese útil do argumento sobre a urgente necessidade de uma "nova força de trabalho", mais flexível e instruída:

> As empresas, nos Estados Unidos, ganharam destaque internacional no século XX com base na produção em massa de produtos padronizados, mas os benefícios desse sistema tiveram um custo. O sistema baseia-se em trabalhadores baratos na linha de produção, precisando de pouco treino.

---

2 "Em 1910, os estrangeiros e filhos de estrangeiros eram mais de 60% dos operadores de máquina no país e mais de dois terços dos trabalhadores em mineração e fabricação. Não há nenhuma razão para acreditar que esta força de trabalho fosse particularmente bem-educada pelos padrões mundiais. Isto pode não ter sido uma desvantagem. [...] Para ser exato, a formação do pessoal administrativo e de supervisão, sem dúvida, contribuiu para o aumento da produtividade. Mas a combinação de uma equipe de funcionários bem-educados no topo e trabalhadores esforçados na base é muito diferente das fórmulas de sucesso do mundo atual. A melhora dos padrões educacionais para os trabalhadores de produção veio em grande parte depois da quebra da migração no começo dos anos 1920." (Nelson; Wright, 1992).

Ensino superior e formação para o trabalho

[...]

Na última década, o processo de produção tem mudando gradualmente de forma a aumentar significativamente a necessidade de uma força de trabalho mais qualificada.

Rosenbaum aponta para a emergência de um "sistema de produção flexível que depende da contribuição *positive* da força de trabalho". O modelo é diferente: "modelo que é mais ágil, flexível e propício à inovação contínua, mas isso depende da supervisão substancialmente reduzida e os trabalhadores com habilidades mais amplas e, em muitos casos, de níveis mais elevados" (Ronsebaum, 1992).

Outro modo de produzir, outro perfil de força de trabalho, outras exigências sobre os programas de formação. Não apenas voltada para a formação de competências específicas, estritamente ligadas ao ofício ou ocupação, mas também à educação geral, à aprendizagem de habilidades genéricas avançadas.

Alguns outros analistas, anos depois (Levin; Rumberger, 1986), matizaram a análise, lembrando que ocorria esse *upskilling* e enxugamento nas indústrias *core* com o crescimento simultâneo de trabalho de baixa especialização em indústrias periféricas e serviços auxiliares (as empresas menores subcontratadas na forma do *outsourcing*).

Os estudos sobre a divisão do trabalho e os novos arranjos no *workplace* costumam explorar essas implicações sobre a nova força de trabalho ou sobre as novas habilidades requeridas. Vejamos, a seguir, o que dizem alguns deles (Janoski; Lepadatu, 2014); (Bailey, 1990); (Nijhof; Brandsma,1999); (Appelbaum; Batt, 1993).

Modelos de organização do trabalho

Comecemos pelo trabalho de Janoski e Lepadatu (2014), que nos traz, desde logo, uma dimensão histórico-descritiva que se destaca sobre a dimensão propriamente analítica. Os autores tentam elencar um conjunto de "modelos de divisão do trabalho" que se teriam imposto progressivamente, no mundo contemporâneo.

O primeiro desses modelos é o fordismo ou taylor-fordismo.[3] O elemento decisivo desse arranjo produtivo é algo que no século XIX já se

---

3 De fato, seria mais adequado chamá-lo de taylor-fordismo, pela descrição dos autores. Eles agregam que outro analista, Rothschild, menciona uma variante desse modelo, o sloanismo

chamava de "sistema americano de manufatura". Trata-se da montagem de um produto a partir de partes rigorosamente padronizadas e intercambiáveis – um modo de organizar o trabalho que remontava aos arsenais de Springfield, depois transplantado para a produção de uma grande variedade de bens, como bicicletas, máquinas de costura, câmeras fotográficas e assim por diante. Na indústria automotiva (onde o sistema se notabilizou), a "linha de montagem" combinava-se com a usinagem, um mar de tornos, fresadoras, plainas, furadeiras, que produziam os componentes ou ajustavam (quando necessário) aqueles obtidos de fornecedores terceiros. Na linha e na usinagem, a padronização e a repetição eram características fundamentais do processo e enquadravam (reduziam) as habilidades do trabalhador.

Lembram os autores que o taylor-fordismo foi muito mais do que isso, já que espalhava sua cultura para o consumo, a distribuição e assim por diante. Mais ainda, espalhou-se para cada canto da sociedade, nela inserindo sua noção de disciplina e eficiência como condição para fins de semana felizes. Como dizem eles: *It was the American Way*. O entusiasmo pela teoria levou a pensar sua aplicação em diferentes campos, não apenas na manufatura.[4]

Os dois próximos modelos descritos pelos autores são o formato McDonald's e o formato Silicon Valley. A seu ver, eles focam menos no processo produtivo e mais em aspectos sociais e políticos de outra ordem. Um deles é a natureza dos contratos de trabalho. A recusa dos contratos mediados ou regulados via sindicatos é um dos traços essenciais. O outro é a disposição de um núcleo de força de trabalho em torno do qual gira um "colchão" ajustável de trabalhadores parciais e temporários, contingentes e com contratos precários. Esse formato também expandiu seus tentáculos – gerando uma McDonaldização dos empregos e da sociedade. Dizem os autores:

> Hoje, todos os aspectos das sociedades industrializadas avançadas – da mídia aos bancos, passando por entretenimento, construção, educação, saúde, viagem, família – são permeados de princípios racionais, e em última análise irracionais, da McDonaldização.

(de Alfred Sloan, o lendário *manager* da General Motors na primeira metade do século XX). Essa variante combinaria o fordismo com uma estrutura corporativa multidivisional.

4 Aliás, cabe lembrar que o presidente da Carneggie Foundation, no começo do século XX, solicitou a Taylor um estudo sobre a aplicação de seus princípios na padronização das escolas, particularmente no ensino superior. Taylor alegou falta de tempo e indicou um de seus auxiliares, Morris Coke, que elaborou e publicou um estudo em 1910, intitulado *Academic and Industrial Efficiency*. O documento está disponível na internet no seguinte endereço: <https://archive.org/details/academicindustri05cookuoft>. Conto essa história em meu livro sobre a educação superior norte-americana.

Embora tenha ou pretenda ter aspectos inovadores, a McDonaldização cria efeitos bastante similares ao fordismo – da padronização do consumo à alienação do trabalho. *McJobs* se tornou um rótulo preciso para mencionar empregos de baixa qualificação e baixo pagamento, alta rotatividade e nenhuma perspectiva de ascensão ou promoção. No que tange ao consumo, se tornou símbolo de alimento sem sabor, sem diferenciais, gerador de obesidade e outros efeitos colaterais deletérios. De resto, a marca se tornou, também, um novo símbolo da expansão norte-americana.

O formato Silicon Valley floresceria com base em mercado de trabalho desregulado (com baixo enquadramento legal e baixa aceitação dos sindicatos). Também depende da desregulamentação de produtos, alegando as exigências da inovação. As firmas incluídas nesse formato tendem a evitar o pagamento de taxas e a usar "planejamento tributário criativo", inclusive a instalação de subsidiárias em paraísos fiscais.[5]

Um quarto formato – orientado pela *shareholder value theory* – é também mais um modelo organizacional do que um modelo de divisão do trabalho na produção. É um modelo voltado para as finanças e decisões estratégicas: "De certo modo, é mais um modelo de projeto de produto ou de descoberta científica do que um modelo de processo de produção".

A famosa General Electric é um exemplo de firma que talvez junte vários desses formatos – o taylor-fordismo, mas também o Silicon Valley e o da financeirização.

A GE, lembram os autores, nasceu no final do século XIX competindo com a Westinhouse na produção de motores e componentes elétricos. Atualmente, seu escopo é variado – equipamento doméstico, turbinas, equipamento de aviões, motores, lâmpadas, aparelhos médicos, locomotivas, software, armas, equipamento para energia elétrica, nuclear, solar e eólica etc.

Mas a empresa também tem um lado finanças – e atualmente metade das rendas da empresa vem desses serviços financeiros. Em 1981, uma nova direção (Jack Welch) operou uma reorganização da firma, cortando 25% dos empregados. Forte nessa mudança foi o desmanche de segmentos tidos como pouco lucrativos e adoção de iniciativas de *outsourcing / offshoring*. Além disso, um impulso para o segmento financeiro da empresa.

A ênfase nas finanças e na valorização a curto prazo das ações levou a enxugamentos na manufatura. Welch teria criado uma regra de transferir (*outsource*) 70% da produção para outras firmas, grande parte fora do país, em regiões de baixos salários. E outra regra era mover as unidades

---

5 Em tempos mais recentes, não apenas subsidiárias. Várias dessas empresas abriram mão da "nacionalidade" norte-americana, instalando sua base jurídica em nichos desse tipo.

de produção – se necessário, até em cima de balsas, dizia Welch. O resultado foi espantoso: em 2011, 154 mil do total de empregados da GE (287 mil) estavam em algum lugar da Ásia. Nessa data, mais da metade das rendas vinha da produção ultramar. A reengenharia financeira também levou a um enxugamento da engenharia (*stricto sensu*). Welch cortou pesado no segmento de pesquisa, tido como pouco lucrativo.

A produção "flexível" e as especificidades norte-americanas

O estudo de Appelbaum e Batt traz muitos elementos para avaliar criticamente o discurso frequente sobre a mudança dos padrões de organização das empresas norte-americanas – rumo a algum tipo de "flexibilidade" à maneira da Alemanha, Japão ou Suécia.

Por um lado, as pesquisadoras reafirmam os desafios e dificuldades encontradas pela empresa-padrão norte-americana, soberana inconteste do mundo industrial dos 25 gloriosos do pós-guerra. Primeiro, a competição crescente, tanto no comércio internacional quanto no mercado interno. E os competidores apoiam-se, em grande medida, em abordagens alternativas no que diz respeito à organização e gerenciamento do trabalho. Por isso, para uma empresa se tornar competitiva não é mais suficiente conduzir as coisas do modo rotineiro, o *business as usual*.

Um segundo fator é constituído pelos impactos da tecnologia nas possibilidades de oferta menos padronizada, mais diversificada, respondendo a uma variedade maior de clientes.

Contudo, alertam, o caminho que mais usualmente tem sido seguido pelas empresas norte-americanas não é uma alternativa "à sueca" (ou à japonesa ou à alemã etc.). Tem sido, mais frequentemente, uma adoção de "estratégias de redução de custos", um formato que poderia ser chamado de *flexible mass production* (ou, nos cenários de Gerald Heidegger, de neotaylorismo *computer-aided*).

Bailey e Berryman (1992) haviam apontado que o modo de operar das empresas norte-americanas era menos permeável à inovação (sobretudo a inovação incremental e adaptativa, decisiva na concorrência) do que as competidoras. Os autores comentam que nos Estados Unidos predomina uma forma de abordar o processo de inovação, centrada na forma de produção em massa. "Assim, em vez da concentração em mudanças incrementais, os Estados Unidos tendem a colocar o foco em potenciais saltos na tecnologia".

Ensino superior e formação para o trabalho

Alguns outros analistas apontavam também essa debilidade do sistema norte-americano, excessivamente focado em inovações "disruptivas" ou "revolucionárias" e descuidado com a inovação incremental, adaptativa, inclusive aquela que depende da interação da prancheta com a fábrica e dessas duas com o uso e a difusão. Bailey e Berryman concluem que "a alternativa é uma abordagem inovadora mais incremental, com maior integração no próprio processo de produção". A questão que daí decorre, para o terreno da formação de força de trabalho, é que tal alternativa exige mudanças profundas nessa formação e na organização das empresas (espaço para participação menos "robotizada" dessa força de trabalho).

Appelbaum e Batt (entre muitos outros analistas) indicam esse ponto nevrálgico, um traço quase que "genético" e difícil de alterar nas empresas norte-americanas. As duas autoras afirmam que, para serem bem-sucedidas no novo cenário,

> Eles devem substituir os sistemas de produção em massa por novos sistemas de trabalho, de alto desempenho, que alcançam melhorias contínuas na qualidade, tanto quanto na eficiência, e que utilizam novas formas de aprendizagem organizacional que mobilizem o conhecimento e as habilidades de resolução de problemas dos funcionários da produção. (Appelbaum; Batt, 1993)

E reaparece o tema da nova educação profissional (e das novas relações de trabalho): para conseguir tal feito, seria necessário outro tipo de força de trabalho, mas, também, outro tipo de inserção dessa força de trabalho no sistema produtivo (e nas relações de poder): "Já existe evidência considerável de que os funcionários da linha de frente atualmente recebem menos formação do que é necessário para dar suporte a sistemas de trabalho de alto desempenho.
Ou

> Formar uma força de trabalho tecnicamente treinada requer programas que estejam referenciados ao local de trabalho, para que o treinamento possa ocorrer no estado da arte da tecnologia e integre os esforços de reorganização do trabalho. (Appelbaum; Batt, 1993)

Trabalhando a partir de literatura especializada sobre a forma peculiar de organização das corporações norte-americanas, as autoras indicam, então, que há alguns obstáculos sérios a tal esforço de reorganização do trabalho:

O problema é especialmente agudo nos Estados Unidos. Em contraste com os sistemas alemão ou japonês, em que os investidores dominantes em uma empresa são empresas ou instituições que detêm grandes investimentos e são proprietários permanentes, mais de 85% das ações de empresas de capital aberto nos Estados Unidos são possuídas por indivíduos ou por investidores institucionais que atuam como representantes dos indivíduos. O objetivo dos investidores institucionais que atuam como agentes (por exemplo, os fundos de pensão e fundos mútuos), e que são avaliados numa base trimestral ou anual, pela apreciação dos estoques em seus fundos, é a rápida apreciação de suas participações em relação a um índice de ações. Assim, nos Estados Unidos, tanto os indivíduos como os investidores institucionais são donos transitórios. (Ibid.)

Essas diferentes formas de combinação de propriedade e gestão levam, também, a diferentes comportamentos:

> Isso leva os investidores americanos a um comportamento especulativo que corrói o conceito de propriedade no setor corporativo e tem tido um efeito profundo sobre a governança corporativa, especialmente no que diz respeito ao controle societário.
>
> [...]
>
> Tanto o foco no desempenho de curto prazo quanto a ascensão do mercado de controle corporativo inibem a mudança em direção a sistemas de trabalho de alto desempenho. Primeiro, eles minam a capacidade dos grandes acionistas para atuar como capitalistas "pacientes". Em segundo lugar, eles reduzem a capacidade dos gestores de investir em pesquisa e desenvolvimento, nova tecnologia de processo, nova organização de trabalho e treinamento. Finalmente, eles minam a capacidade da empresa para promover contratos de trabalho a longo prazo com seus funcionários. (Ibid.)

Esses dilemas voltam à baila em um ensaio provocativo de Gerald Heidegger (1999), que se preocupa em discutir uma metodologia para as prospecções dessa natureza. Heidegger talvez tenha antecipado essa vocação um tanto "gato pardo" da empresa norte-americana, um passo em direção ao moderno e vários outros na direção da manutenção do antigo.

Esboçando um quadro de cenários possíveis para a combinação de formas de trabalho, tecnologia e educação, parte de dois pontos extremos – um deles é o cenário de um mundo produtivo "tecnocêntrico" e o outro, antropocêntrico. O quadro – que traduzimos e adaptamos a seguir – compreende quatro matizes.

Cenários futuros para ocupação, tecnologia produtiva e educação vocacional

	Cenário futuro das ocupações	Cenário futuro na tecnologia produtiva	Cenário futuro da educação vocacional
I a	Neotaylorismo apoiado em computadores (desqualificação, sociedade do ⅓)	Manufatura integrada por computadores (CIM) – tecnocentrismo	Formação de elites
I b	"Racionalização humana" apoiada em computadores (autorrealização e codeterminação)	Trajetória acelerada e "suavizada"	Educação geral para todos, otimizada
II a	"Reprofissionalização" dicotômica (sociedade dividida, sociedade do ½)	Indústria apoiada em computadores (trajetória lenta)	Educação superior diferenciada
II b	Autorrealização para todos – trabalho em equipe "reprofissionalizado" (rebaixamento de barreiras de classe)	Trajetória lenta, modelagem humana	Integração da educação geral com a vocacional / perfis de empregos abertos

Sublinhamos o cenário (I a), que parece mais próximo daquele antecipado por Appelbaum e Bart como o horizonte provável (e limite) da manufatura norte-americana. Em sua descrição, Heidegger prevê envolvimento humano apenas na periferia do processo produtivo. Tenta-se concentrar o planejamento e o projeto, com o uso de programas do tipo CAD-CAm (projeto e produção apoiados em computadores).

* * *

No final do milênio, em certa medida como síntese desse debate, mas de modo algum como fechamento ou conclusão, um estudo patrocinado pelo National Research Council (National Research Council; Committee on Techniques for the Enhancement of Human Performance; Commission on Behavioral and Social Sciences and Education, 1999) sublinhava que os tomadores de decisão e os que trabalhavam na formação de força de trabalho precisavam de instrumentos que lhes permitissem compreender como o trabalho estava mudando. Só assim poderiam desenhar carreiras e funções, modelar os contextos em que as pessoas trabalham. Um desses instrumentos é análise ocupacional, focada na identificação dos *skills* e do

Reginaldo C. Moraes

conhecimento associado com desempenho. Esses sistemas de ocupações, assim como o conteúdo do trabalho, são moldados pelos mercados e tecnologias, mas também pela demografia da força de trabalho (por exemplo, a composição mutante com referência a gênero, raça, imigração etc.).

A análise expande os focos. A expressão "natureza do trabalho", vértice fundamental da análise, leva a dois significados iniciais: (1) aquilo que as pessoas fazem para viver, suas ocupações; (2) o conteúdo mesmo desse trabalho, isto é, como elas fazem aquilo que fazem, as técnicas e ferramentas (manuais e mentais) que utilizam. Um terceiro eixo diz respeito ao contexto (social, organizacional) em que se dá tal trabalho. Um quarto eixo diz respeito aos resultados desse trabalho nos outros aspectos da vida cotidiana.

Resta lembrar, para, de algum modo, completar a descrição do debate predominante na literatura, uma polêmica a mais, em boa parte provocada por um livro de Braverman (1975). As mudanças no *workplace* teriam como consequência um *deskilling*? Ao lado (ou em oposição) da hipótese da degradação, empobrecimento ou *deskilling*, há os que dizem que, pelo contrário, ele tende a se atualizar e enriquecer com as novas tecnologias e as novas formas organizacionais. Uma terceira hipótese, a polarização, encontraria respaldo, nos parece, no próprio estudo de Braverman, muito frequentemente lido de modo apressado. Diz o estudo do National Research Council:

> A hipótese da polarização ou mudança mista afirma que a passagem para a tecnologia digital empurra em ambas as direções. Algumas profissões podem ser esvaziadas, outras podem ser atualizadas, e outras ainda podem experimentar as duas forças simultaneamente, dependendo de uma variedade de fatores contextuais. [...] Versões desta hipótese que falam da polarização geralmente vislumbram uma bifurcação da estrutura ocupacional ao longo de linhas de habilidade: um aumento no trabalho altamente especializado e qualificado e uma eliminação gradual do trabalho que fica no meio. (National Research Council; Committee on Techniques for the Enhancement of Human Performance; Commission on Behavioral and Social Sciences and Education, 1999)

Se assim é, a questão do *workforce development* ganha mais complexidade. Não apenas se deve perguntar qual o tipo de formação, mas "quais" e para diversos "quems".

3
A CODIFICAÇÃO DAS TAREFAS, O MERCADO DE TRABALHO E AS NOVAS COMPETÊNCIAS PROFISSIONAIS

> Antes de mais nada: o que é trabalho? Há dois tipos de trabalho: primeiro, o que altera o mundo material; segundo, aquele que diz a outras pessoas o que fazer. O primeiro tipo é desagradável e mal pago; o segundo é agradável e muito bem pago. O segundo tipo é capaz de extensão indefinida: não existem apenas aqueles que dão ordens, mas aqueles que dão conselhos sobre quais ordens devem ser dadas.
>
> Bertrand Russell, *In Praise of Idleness*, 1932

Em tempos de barbárie trabalhista, a nova moda é falar em fim do emprego "tal como o conhecemos". O mais preocupante é que, muitas vezes, tal pulverização das carreiras e ofícios é apresentada como um resultado inevitável da "modernidade". E como algo a que temos que nos acomodar, talvez até mesmo festejar.

Contudo, a forma pela qual a automação e a "reengenharia" das ocupações acontecem não tem nada a ver com uma fatalidade técnica (há uma dimensão técnica, o que é outra coisa). Essa dimensão técnica é uma "janela de oportunidade" para reduzir custos do trabalho – isto é, para arrochar quem trabalha.

Já faz tempo que a literatura especializada tem refletido sobre a translação do conhecimento tácito para conhecimento codificado – e sobre o que isso significa para substituir o trabalho humano pelo trabalho de artefatos "inteligentes". Um dos mais sofisticados e provocativos estudos é o de Herbert Simon, em livrinho sobre as chamadas ciências do artificial, publicado pelo MIT em 1969 (Simon, 1996).

Existe algo relevante (e preocupante) que ainda não estava no estudo de Simon, mas passou a integrar cada vez mais os estudos que o seguiram: como a automação caminha passo a passo com a possibilidade de "deslocalizar" o emprego e, assim, acrescentar mais instabilidade ao já periclitante mundo do trabalho. Aliás, a mesma lógica que permite a automação viabiliza, também, o *"offshore"* dos empregos.

Uma parte de meu argumento é bem pouco original. Foi sintetizada em *paper* assinado por Robin Cowan e Dominique Foray (Cowan; Foray, 1997). Em termos genéricos, dizem eles, o que acontece é algo assim: uma porção de conhecimento aparece inicialmente como puramente tácita e progressivamente se torna codificada. E compartilhada a baixo custo. Um procedimento pode ser rotinizado e se torna replicável. Daí, decomposto em pedaços simples, pode ser descrito e "embutido" em um dispositivo. Essa "maquinização" é outra forma de codificar o antes tácito (Cowan; Foray, 1997, p.595). Esse processo – aqui resumido na sua abstração – é que permite, por exemplo, que, em vez de se tentar (quem sabe, inutilmente) exportar um serviço (um *non tradable*), exporta-se uma máquina que realiza tal serviço.

Quanto mais se consegue expandir a parte codificada do conhecimento adquirido e útil, maiores as consequências sobre a forma das relações econômicas e a organização do trabalho.

Portanto, a chave do problema está nessa relação cambiante entre o codificado, o codificável e o tácito (ou *ainda* tácito). Sempre algo "tácito" ou fortemente ancorado nas pessoas e instituições existirá como limite do codificável ou mesmo como condição para uso do codificado. Há pelo menos um elemento tácito que é precondição para utilizar o elemento codificado: o conhecimento sobre o como ler as mensagens. A mídia em que está "embalado" o conhecimento precisa ser lida. A sua linguagem precisa estar ainda viva nos leitores. Então – e somente então – esse conhecimento pode ser armazenado e retomado por indefinidas vezes.

Esse achado é fundamental: a utilização do codificado depende, fundamentalmente, de um elemento que em parte é inarredavelmente tácito, enraizado na experiência das pessoas e instituições, no seu domínio dos códigos de interpretação, dos modos pelos quais os indivíduos os percebem e interiorizam. Isto é um elemento parcial, mas é também decisivo.

Essas distinções – e os limites do codificável e compartilhável – são relevantes na literatura que tem explorado a ampliação da *offshorabilidade* das tarefas no processo de globalização produtiva. Já há muito tempo – nos albores desse debate sobre tácito e codificado – autores como Richard Nelson e David Mowery, entre outros, apontavam o caráter decisivo do "ainda tácito", embutido em pessoas e instituições, como pré-requisito para circulação e uso do codificado. Esses dois autores, em especial, sublinhavam a importância da formação de *national capabilites*. Outros falavam em *absortive capabilities*. Alguns historiadores da interação entre pesquisa e indústria, nos Estados Unidos, lembram a experiência (virada do século XIX para o XX e primeiras décadas do XX) dos laboratórios independentes que eram contratados pelas indústrias, antes da multiplicação da pesquisa *in house*. Em geral, isso era possível pela natureza da encomenda (a análise de materiais, por exemplo, mas não o desenvolvimento de projetos). E nessa situação, aquele que encomenda precisa saber o que encomendar e saber como ler os resultados entregues pelo laboratório – em suma, um razoável estoque de engenheiros e cientistas *in house* era necessário para que a pesquisa "terceirizada" tivesse sentido.

A literatura sobre o movimento de *offshore* dos empregos tem partido desse problema – de definições dos conceitos – para mapear a extensão do fenômeno. Uma pequena seleção de estudos incluiria estes, que examinei de partida e que serão comentados a seguir: (Brown; Lauder; Ashton, 2011); (Mackinnon; Cumbers, 2007); (Peck, 2017); (Blinder, 2006a; 2006b; 2006c; 2008); (Bardhan; Kroll, 2003).

As análises divergem em vários pontos, mas parecem convergir em uma visão geral: para estimar o potencial de *offshore* é decisivo entender a forma pela qual se internacionalizou a economia capitalista, suas fases e modos, a divisão internacional do trabalho que conformou em cada uma dessas fases. Desse modo, parece difícil assumir um "determinismo tecnológico", uma espécie de fatalidade. Os processos históricos possuem, sim, imposições, mas, de outro lado, refletem escolhas, decisões de indivíduos e organizações. Decisões que reconfiguram a geografia do trabalho, os lugares em que cada coisa é produzida, cada operação é realizada. E redefinem também o lugar que cada um dos dois modos do trabalho – aqueles mencionados por Bertrand Russel – se distribuem no planeta. Onde ficam os que fazem e onde ficam aqueles que mandam fazer. Ah, sim, e onde ficam os "conselheiros" dos que mandam.

Essa redefinição dos lugares merece um olhar mais atento.

Reginaldo C. Moraes

Sucessivas formas de Divisão Internacional do Trabalho e impactos sobre distribuição do trabalho no planeta

No começo do século, Lenin cunhava sua famosa frase a respeito da era imperialista: o essencial não era mais a exportação de mercadorias, mas a exportação de capitais. Contudo, o FDI (*Foreign Direct Investment*), investimento interno estrangeiro (capitais europeus mas já também norte-americanos), era dirigido para segmentos definidos: agricultura, extração, minérios, serviços de utilidade pública (energia, trens etc.). A manufatura era parte menor da coisa. Sim, a Singer, já no século XIX, montara uma planta na Inglaterra, para produzir *in loco* suas máquinas de costura. Mas a internacionalização da manufatura é algo próprio do pós-guerra – as corporações norte-americanas, em especial, instalavam plantas em outros países, para, entre outras razões, saltar barreiras alfandegárias, explorar recursos locais e evitar protecionismos de natureza vária. Um exemplo que vem a calhar é a instalação da General Motors em São Bernardo do Campo, nos anos 1950, praticamente construindo uma cópia reduzida de sua fábrica em Detroit. Um rico manancial de estudos da velha esquerda americana – Paul Baran e Harry Magdoff, principalmente – debruça-se sobre esse fenômeno. Magdoff mostra como, no final dos anos 1960, a rede de filiais de manufaturas norte--americanas já podia ser considerada a segunda economia industrial do mundo (Moraes, 2005, cap.1).

Essa expansão modificava com certa profundidade uma velha divisão internacional do trabalho – que fora a base das teorias do subdesenvolvimento, como a de Raul Prebisch: países exportadores de manufaturas *versus* países exportadores de matérias-primas. Alguns dos países da periferia se industrializaram – não necessariamente superando os problemas da fase anterior. Em um precioso livrinho de 1974, Celso Furtado já advertia: o Brasil é exemplo flagrante de que industrialização não é suficiente para superar os males do subdesenvolvimento (Furtado, 1974). Nesses países se formou uma classe trabalhadora (em manufaturas e indústrias de utilidade pública) bastante significativa.

Já nos anos 1960 se podia perceber o surgimento de uma Nova Divisão Internacional do Trabalho (DIT) – ou, pelo menos, uma diferenciação no interior dos países da "periferia", com a emergência dos "semi-industrializados" (Froebel; Heinrichs; Kreye, 1980). Na América Latina, por exemplo, os exemplos notáveis são Argentina, México e Brasil.

Nessa nova DIT, as empresas multinacionais redistribuíam a produção geograficamente, mas ainda dentro da firma. Mantinham pesquisa, desenvolvimento e decisões superiores nas matrizes, transferindo atividades de produção, propriamente ditas, para regiões periféricas do mundo.

Essa distribuição era particularmente viável para as empresas norte-americanas, que tinham levado ao extremo, desde seu nascedouro, a lógica taylor-fordista.

Essa NDIT será substituída (ainda uma vez: parcialmente) por uma *Newer DIT*, a partir dos 1980, com a generalizada subcontratação, a encomenda para firmas locais (Coffey, 1996). As multinacionais adquirem, assim, uma flexibilidade ainda maior para trocar de fornecedores locais e evitar os custos envolvidos em investimentos comprometidos com ativos fixos no local.

O livro de Jamie Peck (*Offshore – Exploring the Worlds of Global Outsourcing*) avança um passo a mais nessa análise. Peck lembra que a descentralização dessas operações intensivas no trabalho eram concentradas em um grupo mais ou menos restrito de segmentos: produção manufatureira em material elétrico e eletrônico, automotivo, tecidos e confecções, por exemplo. Mas o movimento se estenderia logo para atividades *white-collar* como atendimento ao cliente, *back-office*, programação e, mesmo, contabilidade, análise financeira, pesquisa e desenvolvimento, medicina etc.

A disposição de acomodar o *outsourcing* em um *offshore* bem distante é, desse modo, um dos aspectos da conhecida e alardeada "evaporação" dos empregos bem pagos nos EUA – um elemento a mais na reengenharia das empresas, combinando-se com a automação e redesenho dos procedimentos produtivos, dos modelos *lean*, centrados no *core* da empresa. Funções "não *core*" seriam expelidas para subcontradas – e isso poderia incluir (por que não?) os empregos ditos *middle-income, middle-skill*. Processamento administrativo, tecnologia de informação, por exemplo, poderiam ser fornecidos por provedores terceiros em virtualmente qualquer ponto do planeta, já que o crescimento econômico anterior permitira a esses centros locais a geração de supridores com capacidade para tanto.

Sublinhemos o aspecto destacado por Peck: o trabalho rotineiro manual, *blue-collar*, já era expelido para o exterior desde muito tempo. As inovações tecnológicas – mormente a transformação da web em aparato civil e o assombroso desenvolvimento de aplicações comerciais para essa mídia – permitiam, agora, a extensão desse *offshore* para muitas e muitas partes do chamado setor de serviços e atividades ancilares da manufatura.

Esse desenvolvimento nos conduz, de imediato, ao tema de um eventual "leilão global" em disputa de talentos (Brown et al., 2011). E isso deslancha uma série de perguntas: qual a dimensão do *offshorable*? quais os segmentos ocupacionais e as economias regionais mais atingidas? quais as implicações para as políticas de educação e *workforce development*?

4

A NOVA ONDA DE *OFFSHORING* DOS EMPREGOS TORNA MENOS RELEVANTE A QUALIFICAÇÃO DA FORÇA DE TRABALHO "TÉCNICA"?

Uma das primeiras tentativas de mapear e interpretar o fenômeno das novas formas de "exportação de tarefas", envolvendo não apenas o trabalho manual (*blue-collar*) mas, também, o intelectual, o *knowledge-job*, foi feita em 2003 por um par de economistas de Berkeley, Ashok D. Bardhan e Cynthia Kroll, que buscavam mostrar o que chamavam de "nova onda de *outsourcing*" (Bardhan; Kroll, 2003).

Trata-se, dizem eles, da maior *out-migration* de empregos fora do setor manufatureiro na história dos Estados Unidos. Envolve, cada vez mais, pessoas que operam em setores de serviços *high-tech*, como software. Um exemplo óbvio, e que provavelmente chamou atenção pelo seu tamanho e precocidade, foi a contratação, por parte de empresas norte-americanas de ponta, de serviços e estabelecimentos de escritórios e centros de desenvolvimento na Índia.

Os serviços tinham amplo espectro, destacam os autores. Envolviam sistemas de informação geográfica para companhias de seguros, pesquisas no mercado de ações, para firmas do setor financeiro, serviços médicos de transcrição e leitura de exames especializados, pesquisa legal *on-line*, construção e monitoramento de bancos de dados, análise de informações para firmas de consultoria e, muito conhecido, o suporte a clientes através de *call centers*.

Trata-se não precisamente da passagem de uma forma taylorista de organização do trabalho para uma flexível: antes, parece ser a passagem de um taylorismo mecânico para um neotaylorismo digital. O taylorismo mecânico, que marcou a economia norte-americana (mais do que todas) no século XX, capturava o conhecimento do artesão e o embutia nos processos e dispositivos. O taylorismo digital traduz o conhecimento operativo em um conhecimento operante, codificado e digitalizado, embute-o em pacotes de software dedicados e o redistribui no espaço.[1]

As empresas que buscavam tal *outsourcing/offshore* eram motivadas por custos menores, é claro, mas, também, pela existência de um ambiente *business-friendly*, um atalho de idioma (os indianos eram educados em inglês), um estoque local de profissionais de nível superior bem treinados, um sistema legal parecido (o *common law* anglo-saxônico) etc.

Alguns outros países seriam candidatos ao *offshore*, ainda que em nível menos destacado: Filipinas e Malásia (*call centers*, *back-office*), assim como Rússia e Israel, para sistemas especialistas e software. Basta lembrar os custos envolvidos e o estoque de pessoal desse nível em alguns desses lugares, particularmente na Rússia. Em outro texto, Bardhan e colegas mostram alguns dados notáveis sobre o número de engenheiros e seu "preço" na Federação Russa (Bardhan; Jaffee; Kroll, 2004). Os dados compilados mostram que há ali, naquele pedaço do mundo suscetível de nova exploração, um total de quase 600 mil pesquisadores, com remuneração média estimada em algo como 5% do custo de um cientista ou engenheiro norte-americano.

Aliás, como mostram diversas pesquisas, inclusive da National Science Foundation (1996), em comparação com os Estados Unidos, os países da Ásia formam cada vez mais engenheiros, concentram seus estudantes nesses campos. E, crescentemente, esses profissionais são comparáveis com os norte-americanos (descontado um *soft knowledge*, aquele do idioma e da cultura local). Outro elemento a considerar, evidentemente, é o custo comparado de programadores e outros profissionais.

Selecionamos dados similares reunidos no estudo de Brown et al. (2008). São indicadores importantes, como o custo comparado dos engenheiros, em diferentes pontos do planeta.

---

1 "Isso implica traduzir o trabalho intelectual de gestores e profissionais técnicos em conhecimento operante, através da captura, codificação e digitalização em pacotes de software, modelos e normas que podem ser transferidas e manipuladas por outras pessoas, independentemente da sua localização. Isto está sendo aplicado a escritórios assim como em fábricas e serviços. Ao contrário do taylorismo mecânico, que exigia a concentração do trabalho nas fábricas, o taylorismo digital permite que as atividades sejam dispersas e recombinadas em qualquer lugar do mundo em menos tempo que se leva para ler esta frase" (Brown; Lauder; Ashton, 2011).

O estudo coordenado por Bardhan e colegas sobre a Califórnia (Bardhan; Jaffee; Kroll, 2003) nos interessa especialmente, se lembramos que é o estado norte-americano, com o mais antigo plano diretor de ensino superior, referência para os demais. O estado tem enorme cobertura para o ensino superior, incluindo uma notável rede de *community colleges*, altamente capilarizada. O estado desenvolveu também importantes programas de *workforce development*.

Os autores focalizam os segmentos de alta tecnologia (justamente aqueles que fazem a glória da economia da Costa Oeste e da Califórnia, em especial), aeronáutica, informática, biotecnologia. São setores em que o insumo central e mais caro é o cérebro. Em certa ocasião, um crítico da contracultura dissera, com propriedade, que os computadores não são feitos de silício, são feitos de lógica. As indústrias de alta tecnologia, mais do que manipular coisas, manipulam símbolos: a indústria aeroespacial no Sul e Norte do estado, informática no Silicon Valley, biotecnologia em San Diego e multimídia em San Francisco.

O processo de pesquisa que gera inovação é o elemento motor dessas áreas, do que resulta uma estrutura de emprego com forte representação de FT de nível superior, geograficamente concentrada. Os processos de produção rotineira, menos "nobres", podem ser deslocados. E de fato são, ainda mais porque esse mesmo avanço tecnológico (em áreas como transporte e comunicações) permite que isso ocorra sem perdas.

Ao lado da Califórnia, os autores identificam outros quatro grandes centros de aglomeração *high-tech*: Massachusetts, Nova Jersey, Texas e Illinois.

O que esses setores *high-tech* têm exportado, fundamentalmente? Algo genericamente denominado "serviços". E são eles que "salvam" a balança comercial do país nesse extrato (a produção *high-tech*). Em outras palavras, os dados mostram como aumenta o *déficit* comercial nos itens *manufaturados* de alta tecnologia e isto é compensado pelo crescimento de um *superávit* no comércio de *serviços* de alta tecnologia.

A manufatura de eletrônicos é particularmente afetada pela operação com insumos produzidos em outra parte, sobretudo em outros países. A famosa Dell Computers, por exemplo, apenas monta ou, mais especificamente, embala seus produtos nos EUA.

Daí o comércio exterior norte-americano, para manufaturados *high--tech*, é particularmente alto. Mas é alto sobretudo para *importação* de insumos.

Para o conjunto da manufatura, o índice superava os 16%. No setor *high--tech* sempre foi mais alto, indicam os dados coligidos pelos autores. Eles mostram que quase 40% dos bens e mercadorias importados nos EUA, já em 1992, eram constituídos de bens intermediários usados na manufatura.

Assim, uma parte grande do "comércio" internacional é, mais precisamente, trânsito de componentes. E, cada vez mais, trânsito que ocorre dentro da mesma empresa ou do grupo empresarial, o chamado comércio intrafirma.

Contudo, e essa é uma derivação de enorme importância para nosso tema, uma parte grande desse *outsourcing* está ocorrendo, cada vez mais, não com componentes "físicos", mas com serviços.

Amplos segmentos do setor de serviços, durante muito tempo classificados entre os chamados *non-tradable*, são agora *outsourced* para outros países.

O exemplo mais notório costuma ser a Índia, por vários motivos, já acima mencionados. Mas cada vez fica mais evidente o potencial de dois outros países, mais "bárbaros", no sentido grego do termo – Rússia e China.

Uma tabela anterior mostrou o *pool* extraordinário de cientistas, engenheiros, físicos e matemáticos russos, praticamente expostos à caça internacional depois da dissolução da URSS e do esfrangalhamento da economia da Federação Russa.

Em especial, dizem os autores, a emergência do setor de software, desde então, ofereceu uma nova oportunidade para esse reservatório de FT.

O sistema educacional russo sempre foi muito forte em matemática e ciências, o que resulta em um fenômeno importante para a indústria – a sofisticação dos códigos e algoritmos, quando comparados com os indianos. É certo que os salários são mais altos do que na Índia, mas estão bem abaixo daqueles da Irlanda e Israel, outros lugares fortes de *outsourcing*.

Empresas norte-americanas como Sun Microsystems, IBM e Intel montaram centros de R&D na Rússia, empregando grande número de programadores de altíssimo nível.

O que isso significa para a Califórnia? A possibilidade de que uma parcela não desprezível de empregos nessa área seja também *outsourced*, enfrentando um padrão de perda similar ao que ocorreu na manufatura.

Alguns anos depois dos estudos de Bardhan e seus colegas, um economista de Princeton, Alan S. Blinder (que também já exercera diversas funções no governo federal) publicou alguns artigos sobre o *offshore* de empregos desse nível. Eram textos bastante repetitivos e insistentes, de grande repercussão, talvez menos pela profundidade ou novidade e mais pelo tamanho de suas projeções.

Blinder busca estabelecer alguns padrões da *offshorabilidade* dos diversos tipos de trabalho – isto é, quais podem ser realizados fora do país. O

Ensino superior e formação para o trabalho

potencial de empregos exportáveis é enorme – algo perto de 50 milhões, a maior parte no setor de serviços, não na manufatura (já amplamente afetada, aliás). Isso representa nada menos do que uns 40% do total de empregos dos EUA. Evidentemente, Blinder não estima que sejam todos esses empregos expelidos do território norte-americano – é uma estimativa da *possibilidade* técnica. E, portanto, do impacto dessa possibilidade nas decisões internas (negociações, investimento em formação etc.). Para o jogo das negociações e para o estabelecimento dos padrões de contrato, não é necessário que sejam exportados, é suficiente que sejam exportáveis.

Um elemento importante na sua análise dos padrões é que não vê necessária correlação entre a "exportabilidade" dos empregos e a densidade da educação ou treinamento desses profissionais. De fato, são exportáveis tanto os empregos que exigem muito treinamento (o *white-collar* sofisticado) como aqueles que exigem quase nenhum (o *blue-collar* elementar, fabril). O traço diferencial é outro: há serviços pessoais (*personal delivery*) e os impessoais. Suas frases conclusivas parecem desconcertantes, se pensamos no tipo de país que daí resultaria: "Os empregos consistentes em serviços impessoais vão migrar para fora, mas os serviços pessoais ficarão aqui". Já imaginou o que ficaria dentro do país?

Se alguém levar isso às últimas consequências, veríamos os Estados Unidos como um aglomerado de trabalhadores de baixa qualificação (em sua maioria) em setores de *personal delivery*: manicures, auxiliares de enfermagem e cuidadoras, atendentes de portaria, zeladores e faxineiros, encanadores e carpinteiros, bombeiros e guardas de trânsito. Ao lado destes, um número pequeno, bem pequeno, de profissionais altamente educados, médicos, engenheiros e cientistas. E presidentes de fundos financeiros, claro.

Blinder avisa que não é essa a sua exata previsão, nem é essa a base de sua proposta de política pública. Apenas alerta para o fato de que o país precisa de um sistema educacional que faça, nas novas condições, o papel que soube fazer quando da primeira revolução industrial. Lembra, contudo, que os investimentos e reformas na educação demoram a maturar, algo como uns vinte anos. Portanto, é preciso começar imediatamente, para "educar a juventude americana para empregos que serão de fato disponíveis daqui a vinte ou trinta anos [...] desenvolver habilidades que um computador não pode replicar".

O alarme de Blinder foi visto por alguns críticos como exagerado nos números. Mas apontou para a necessidade de reconsiderar a combinação entre conhecimento tácito e codificado e das implicações para o sistema educativo. Mais exatamente, para definir melhor o conhecimento tácito (embutido nas pessoas) indispensável para o uso consistente do conhecimento codificado e rotinizável.

Alguns analisas têm mostrado que o neotaylorismo digital tem implicações e pressupostos complexos. Fragmentar tarefas, como Taylor, é essencial para permitir que sejam descentralizadas – assim podem ser deslocados para outras regiões segmentos de serviços como a venda varejista, a saúde, finanças, tipicamente focalizadas em processos comerciais, como receber ordens de compra, marketing, entrega, logística. O neotaylorismo digital viabiliza a tradução dos atos produtivos em rotinas que podem exigir algum grau de educação, mas não, necessariamente, criatividade e independência de julgamento, habilidades usualmente associadas à ideia de "sociedade do conhecimento". Volto ao livro de Phillipe Brown e seus colegas, centrado na análise do processo britânico. Eles acertam no alvo:

> O trabalho criativo presente na produção de novos modelos, programas e plataformas tem sido separado do que se chama de analítica de rotina. A permissão para pensar é restrita a um grupo relativamente pequeno de trabalhadores do conhecimento (*knowledge workers*) atualmente ainda mantidos dentro da Grã-Bretanha; e o trabalho mais rotineiro (isto é, personalização de produtos para diferentes mercados e clientes), também visto como o trabalho pesado, é transferido para escritórios na Bulgária e na Índia, onde diplomados de graduação podem ser contratados por um terço do custo. (Brown; Lauder; Ashton, 2011)

A situação tem seu lado irônico, dizem esses autores: aqueles que aplicavam Taylor ao proletariado *blue-collar* são, agora, eles próprios, taylorizados.

Brown e colegas distinguem três tipos de *knowledge workers*: os *developers*, os *demonstrators* e os *drones*. E explicam:

> Os *developers* incluem aqueles de alto potencial e desempenho [...] Eles representam não mais que dez a quinze por cento da força de trabalho a quem se dá a "permissão para pensar" e incluem investigadores seniores, gerentes e profissionais. *Demonstrators* são designados para implementar ou executar o conhecimento existente, os procedimentos ou técnicas de gestão, muitas vezes com a ajuda de software. Muito do conhecimento utilizado por consultores, gestores, professores, enfermeiras, técnicos e assim por diante, é padronizado ou pré-embalado. Com efeito, embora os *demonstrators* possam incluir pessoas de alta qualificação, o foco de sua atividade consiste em comunicação eficaz com colegas e clientes. Os *drones* são envolvidos no trabalho monótono e deles não se espera que participem com o cérebro. Muitos dizem que o *call center* e o trabalho de inserção de dados são exemplos clássicos, onde praticamente tudo o que se entrega aos clientes é prescrito em

pacotes de software. Muitos desses empregos também são altamente móveis, já que podem ser padronizados e digitalizados. Eles estão cada vez mais preenchidos por trabalhadores bem qualificados atraídos por salários relativamente elevados em economias emergentes ou nas economias desenvolvidas, aqueles que são sobre-qualificados mas lutam para encontrar um trabalho que corresponda a sua formação ou expectativa. (Brown; Lauder; Ashton, 2011)

Essas tentativas de qualificar os tipos de trabalho e, mais precisamente, aqueles tipos que podem ser *offshoreds* mostram um tateamento dos analistas, para tornar menos grossa a simples distinção entre *blue-collar* e *white--collar*, já insuficiente para entender essa *new wave of offshoring*. Blinder centrou fogo na distinção entre o *personal delivery* e o impessoal. Brown e colegas oferecem essa distinção dentro dos trabalhadores de serviços. Uma tentativa um pouco mais sistemática, aparentemente, pode ser vista no trabalho de economistas e cientistas sociais que partiam de outro problema: a polêmica sobre a degradação ou desqualificação do trabalho.

Em 1974, em um livro de grande impacto, Harry Braverman havia mostrado uma tendência particularmente forte em um certo segmento *blue--collar*, aquele no qual ele próprio trabalhara, os operários de manufaturas. Sua análise, meticulosa e viva, indicava uma tendência do capital e de seus gerentes a "sequestrar" o conhecimento da oficina e concentrá-la na prancheta. Isso parecia desqualificar o trabalhador direto, tornando cada vez menos necessária sua qualificação. O livro gerou um mar de polêmicas e tentativas de verificar ou contestar tal tendência, com resultados díspares e inconclusivos. Num certo momento, alguns analistas tentaram recolocar a própria questão, perguntando se não havia uma *polarização* do trabalho, nas sociedades "avançadas" como a norte-americana (Acemoglu; Autor, 2010). Essa polarização teria como resultado um crescimento simultâneo de dois tipos opostos de trabalho – empregos de alta especialização e altos salários e ocupações de baixa qualificação e baixos salários.

O novo cenário é aquele em que a possibilidade de taylorização atinge novos personagens. Para entender esse potencial, é preciso definir mais precisamente o que são as tarefas rotinizáveis, apropriáveis pelo programador e embutidas em processos ou dispositivos, liberando-os, por assim dizer, da dependência do julgamento e da flexibilidade do trabalhador direto. Ora, daí percebemos que tarefas rotinizadas e rotinizáveis são características de certas ocupações "médias", não apenas manuais, mas aquelas dos contadores, funcionários de escritório, vendas e logística etc. Essas rotinas podem e são embutidas em pacotes de software especialistas, e operadas a distância.

E há aquelas operações menos rotinizáveis – não necessariamente aquelas que demandam muita educação ou treinamento. Há tarefas não rotineiras que requerem apenas "adaptabilidade" à situação, atenção visual, interação pessoal – dirigir automóveis, preparar refeições, instalar equipamentos, reparar um jardim, cuidar de velhos e doentes e várias outras. Há outras ocupações (manuais ou não) que exigem pensamento abstrato, capacidade de equacionar e resolver problemas mais complexos, fazer julgamentos sobre as alternativas de ação etc.

Assim, nos EUA, uma porção de analistas tem convergido para uma visão do trabalho em que certas estratificações se evidenciam: (1) oferta consistente de emprego em áreas que exigem "tarefas cognitivas não rotineiras", aquelas da alta administração e da ciência e tecnologia, por exemplo; (2) emprego também crescente em ocupações com tarefas não rotineiras, mas manuais, como os serviços de cuidados pessoais; (3) emprego declinante em ocupações "médias" em que predominam tarefas rotineiras (funcionários de escritório, suporte administrativo, produção manufatureira etc.).

Se essa evolução tiver mesmo esse desenho, um conjunto de desafios novos serão postos diante dos planejadores da educação do futuro, ou, pelo menos, do lado da educação que tem a ver com o trabalho e a remuneração.

Cabe, porém, uma nota de ceticismo preventivo. Educação não é apenas isso. Não é apenas uma preparação para *operar no mundo*, mas, também, quem sabe, para *operar o mundo*. O que é algo muito mais complexo e exigente. Salvo engano, ainda não transferimos tal responsabilidade aos softwares. Salvo engano.

5
MUDANÇAS NO MERCADO DE TRABALHO NORTE-AMERICANO: UM NOVO PERFIL, NOVAS QUALIFICAÇÕES, NOVAS EXIGÊNCIAS EDUCATIVAS?

Numerosos estudos descreveram a trajetória da economia norte-americana no final do século passado, sublinhando a "desindustrialização" e a passagem para uma alegada "sociedade de serviços". Estudos como o de Bennett Harrison e Barry Bluestone já retratavam essa mudança no começo dos anos 1980, quando esse processo estava decolando (Bluestone; Harrison, 1982).[1] Bem mais tarde, Gerald F. Davis apanha esse processo, já com um espelho retrovisor, em dois estudos recentes (Davis, 2009 e 2016). E acentua também um outro lado da mudança, a financeirização das empresas e de todos os aspectos da vida dos trabalhadores norte-americanos. Selecionamos nesta nota apenas as transformações que tiveram enorme impacto sobre a constituição da força de trabalho e de suas exigências de qualificação.

Davis mostra, em especial, a reengenharia das empresas, com estratégias de *downsizing*. A empresa focaliza esforços em suas atividades centrais e definidoras, o chamado *core*, transferindo para subcontratadas um grande número de operações que consideram secundárias ou auxiliares.

Davis mostra que, em 1980, a empresa típica do famoso levantamento anual da revista *Fortune* (as quinhentas maiores) operava em três

---

1 Os dois autores voltaram ao tema alguns anos depois: (Bluestone; Harrison, 1988). E Harrison assinou sozinho o estudo seguinte, sobre a chamada produção enxuta (Harrison, 1995). Sob uma forma ensaística e especulativa, Daniel Bell adiantou a tese da "sociedade pós-industrial" no começo dos anos 1970 (Bell, 1973).

ramos diferentes – e muitas delas operavam em dúzias de setores. Uma corporação como a Beatrice, originalmente uma empresa de alimentos industrializados, absorveu coisas como uma firma de trailers, outra de equipamento hidráulico, outra de aparelhos estereofônicos, a Samsonite (malas), e assim por diante. Um verdadeiro zoológico de negócios. Os exemplos seriam abundantes.

Como o mercado acionário dava valor maior à soma das partes do que ao todo, essas grandes corporações ficavam vulneráveis ao esquartejamento. Faltavam alguns catalisadores, que logo foram acionados – mudanças nas leis e a iniciativa das instituições financeiras, com empréstimos específicos para "alavancar", fundir e desmembrar os conglomerados.

Entre 1980 e 1990, 28% das *Fortune 500* receberam ofertas de compra por *outsiders*, os chamados ataques "hostis", na maioria bem-sucedidas. No fim da década, através dessas fusões, um terço das maiores corporações norte-americanas tinha desaparecido como entidades independentes.

A mudança da relação entre firmas e trabalhadores se reflete, de imediato, na composição das maiores empregadoras ao longo do tempo. Pode--se ver na tabela abaixo que, em 1960, sete das maiores eram indústrias ou petroleiras. Em 1980, essas empresas eram seis; em 2007, nenhuma, uma vez que a IBM e a GE já obtinham a maior parte de seus faturamentos do setor de serviços, desde o final dos anos 1990. O emprego também ficou menos concentrado ao longo desse período. As dez de cima, em 1960, tinham 5% da força de trabalho não agrícola do país. Em 1980, isso caiu para 4,6% e para menos de 3% no ano 2000. E, mesmo assim, esse número é algo inflado, uma vez que as maiores firmas fora do varejo, restauração e setor de telecomunicações empregam muito de sua força de trabalho fora dos EUA. Então, em 2007, das doze maiores empregadoras do país, nove eram do setor varejista ou setor de serviços de alimentação: Walmart, UPS, McDonald's, Target, Kroger, AT&T, Sears Holdings, Home Depot, Verizon, Walgreen, Lowe's e Safeway. Dado dramático: a Walmart empregava nessa data mais norte-americanos do que as doze maiores indústrias manufatureiras somadas. Comparam-se, na tabela a seguir, as dez maiores empregadoras de 1960 e 2007:

Tabela 1 – Estados Unidos: as 10 maiores empresas em quantidade de empregados

1960	2007
GM	Walmart
AT&T	UPS
Ford	McDonald's
GE	IBM
US Stell	Citigroup
Sears	Target
A&P	Sears Hidgs
Exxon	GE
Bethlehem Stl	Kroger
ITT	SBC/AT&T

Fonte: *Fortune*

O contrato de trabalho é precondição da cidadania e do acesso a serviços sociais – é também um elemento decisivo para a qualificação da mão de obra

Essa mudança na composição do emprego tem importantes consequências na qualidade do emprego. As grandes empresas industriais tinham políticas de longo prazo para seus empregados – contratos longos com a filosofia de "uma carreira, uma vida, degrau a degrau". Em contraste, o empregado médio, no ramo de serviços alimentares (McDonald's), fica na empresa por 1,5 ano. A anedota corrente é esta: o uniforme dos maiores empregadores de 2007 dura mais do que o emprego.

Em um livro de cores dramáticas, mas muito reais, Jacob Hacker comenta esse efeito:

> No fim dos anos 1960, o maior empregador da nação era a General Motors, que pagava a seus trabalhadores rendimentos solidamente classe média (29 mil dólares anuais em média, em dólares de hoje) e concedia generosos benefícios indiretos. Hoje, o maior empregador é Walmart, que mal paga 17 mil dólares na média, não oferece aposentadoria garantida e cobre menos do que a metade do plano de saúde de seus trabalhadores. (Hacker, 2008)

Nos anos 1950, apenas um em dez trabalhadores era empregado de tempo parcial, e pouco se ouvia falar de trabalhadores temporários. Isso mudou. Nos anos 1990, perto de 19% dos trabalhadores já eram empregados em tempo parcial, e algo como 4,9% eram empregados temporários (Hacker, 2008).

Prestemos atenção em um detalhe desse relato: o impacto foi visível não apenas nos salários, mas também nos chamados benefícios indiretos, como a cobertura de planos de saúde e previdência, entre outros. No estudo de Davis, temos um exame dessas consequências, temas que não trataremos nesta nota – como a financeirização geral da vida cotidiana, através dos planos de saúde e de previdência privados, que, assim como as hipotecas, canalizaram recursos para o florescimento de derivativos (Davis, 2016).

Todas essas transformações no mundo empresarial e nos contratos de trabalho facilitam a emergência de modelos de operação próximas do capitalismo selvagem. Um desses modelos é a "nikeficação". Computadores, comida para animais, fármacos, sapatos e até serviços governamentais são cada vez mais produzidos por contratados, não pela companhia cujo nome figura na etiqueta.

E a "nikeficação" não fica apenas nessas indústrias e serviços. Avança por áreas antes inimagináveis. O governo norte-americano subcontrata empresas para a proteção de seus diplomatas, para interrogar (e torturar) prisioneiros, vigiar os cidadãos. A guerra está sendo terceirizada crescentemente (Scahill, 2008).

O outro modelo é a "uberificação", o "capitalismo-plataforma" (Srniceck, 2016). Davis diz que a plataforma virtual – empresas web, aplicativos smartphone – é uma inovação talvez tão relevante quanto outrora foi a linha de montagem para "agregar" os trabalhadores. O emprego é, assim, substituído por tarefas específicas, pontuais. O modelo deve crescer. Já há serviços contratados desse modo para construção e reforma e reparo de aparelhos e assim por diante.

Essas inovações liberam as empresas de seus laços e compromissos com a força de trabalho. E as liberam, também, de compromissos com os indivíduos enquanto cidadãos detentores de direitos – aqueles direitos que são cobertos pelo Estado e pagos por impostos. As corporações se transformam em redes de contratos.

As ocupações mais numerosas estão fora das fábricas: vendedores do varejo, caixas, trabalhadores de restaurantes e *fast-food*, pessoal de portaria, zeladoria e limpeza, atendentes e recepcionistas, e assim por diante.

Uma sociedade "de serviços"? Aparentemente, sim. Mas esta é uma sociedade do conhecimento? – pergunta Tamara Tayt, em tom de questionamento. Sim, em parte, mas isso não se reflete tão claramente na estrutura ocupacional, como por vezes parecem sugerir as análises novidadeiras:

Ensino superior e formação para o trabalho

Durante décadas nos vendem a ideia de que a chave da prosperidade da nação seria um crescente exército de trabalhadores do conhecimento, operando inovações e em parques tecnológicos. Colunas e mais colunas escritas por gente como Thomas Friedman e David Brooks argumentam que o futuro de nossa economia reside em cultivar habilidades como a solução criativa de problemas e o pensamento crítico, com especial atenção para áreas como a ciência, a tecnologia e a engenharia. (Tayt, 2016)

Contudo, pergunta a autora, é esta "sociedade do conhecimento" que se retrata na massa da nova classe trabalhadora, distribuída em setores como o comércio varejista, os serviços de alimentação, os trabalhos manuais de reparo, manutenção e instalação, escritórios e cuidados pessoais? Esse contingente, diz ela, é algo que está, pelo menos, à margem daquele universo retratado pelos colunistas do "futuro".

O "setor de serviços", sempre constituído de forma residual, como aquilo que não é manufatura nem agropecuária, comporta variedades muito diferentes. O trabalhador que trata da cabeça do cliente pelo lado de fora (o cabeleireiro) pertence ao "setor de serviços". Como o trabalhador que trata dessa mesma cabeça pelo lado de dentro, o neurocirurgião, o psiquiatra ou o psicanalista.

Grande parte desses novos trabalhadores está conectada cada vez mais numa rede complicada de fornecedores de serviços "independentes" e subcontratados, agências de temporários, sistemas de franquias.

Aquilo que há muito tempo se chama de "desindustrialização da América" dependeu, certamente, de dois vetores ao mesmo tempo concorrentes e interligados: a automação e o *offshoring* de postos de trabalho. Inicialmente, esses dois vetores atingiram mais duramente os empregos *blue-collar*. Assim,

> Quando as grandes fábricas norte-americanas eram fechadas e esvaziadas, algumas de nossas maiores cidades ganhavam áridas extensões de terra desolada. Aquilo que um dia simbolizava produtividade e engenho tornar-se-ia uma reminiscência anacrônica da América *blue-collar*, ou destinada à decadência ou convertida em caros *lofts* para uma nova e ascendente classe de profissionais. (Tayt, 2016)

Algumas cidades foram particularmente atingidas. Entre 1972 e 1982, Nova York perdeu 30% de seus empregos fabris, Detroit perdeu 40% e Chicago nada menos do que 57%. Uma devastação.

Logo, porém, o impacto da automação e da "exportação de postos de trabalho" se fez sentir em profissões *white-collar* cada vez mais sofisticadas e qualificadas.

Há uns cinquenta anos, os estudiosos diziam que países subdesenvolvidos eram sociedades com "terciário inchado". A migração do campo para a cidade não era acompanhada da criação de indústria. Assim, milhões de pessoas se acomodavam em empregos precários e mal pagos no setor de comércio e serviços de baixa qualificação. Enquanto isso, país desenvolvido era país industrializado.

Esse quadro – tão claro, tão nítido – não durou muito. No meio dos anos de 1970, Daniel Bell dizia que os Estados Unidos (líder e modelo de país industrializado) tinham virado uma sociedade pós-industrial, uma economia de serviços. Só que, nessa nova versão, os serviços não eram o lugar do atraso, eram o centro da criatividade, dos empregos em tecnologia e ciência, em planejamento e projeto, em consultoria financeira. Eram o campo daquilo que mais tarde Robert Reich chamaria de "analistas simbólicos", os sofisticados e ultramodernos trabalhadores que não produzem objetos, não manuseiam coisas, mas criam símbolos, imagens, conceitos, desenhos, códigos informáticos, descobertas tecnocientíficas.

A "preparação para o trabalho", se baseada naqueles empregos de antanho, parecia defasada. Mas, em seu lugar, aparentemente, colocava-se a possibilidade de um novo tipo de *workforce development*.

No novo milênio, porém, se percebia, com toda a clareza, que o cenário era ainda mais matizado, ainda mais complexo. A codificação dos conhecimentos tácitos – operação fundamental para viabilizar a automação e a deslocalização das ocupações – foi se estendendo para as profissões mais avançadas, mais ricas em conhecimento acadêmico. É o que veremos na parte seguinte do livro.

PARTE II
APPRENTICESHIP – EM BUSCA DE UMA NOVA PEDAGOGIA?

6
MODOS DE ENSINAR O TRABALHO:
DEBATE NORTE-AMERICANO SOBRE O *APPRENTICESHIP*, TENDO COMO IDEIA REGULADORA O MODELO DUAL ALEMÃO

Nas últimas décadas do século XX, diversos especialistas elaboraram propostas visando introduzir, na educação norte-americana (média, superior, vocacional), um modelo de *apprenticeship* espelhado na experiência educacional alemã.

O tema reaparece com mais vigor nas últimas décadas pela afirmação (polêmica e contestada) de uma escassez de oferta de trabalhadores bem formados no campo que se usou chamar de *middle class jobs* ou de trabalhadores com formação técnica adequada às alegadas mudanças nas ocupações (mais uma vez: mudanças reais ou não, exageradas ou enviesadas). Essas "profissões do meio" estariam situadas entre as que demandam apenas *high school* ou escola elementar (as profissões tipicamente *blue-collar*) e as que demandam ao menos *some college* ou alguma formação superior de curto fôlego (em geral, um curso em *community college*, mesmo que sem o diploma de *associate degree*).

A *apprenticeship* germânica, referência de tais propostas, é baseada em um sistema dual: dois dias de ensino de disciplinas "acadêmicas" na escola, combinados com três dias de estágio em empresas, aplicando esse conhecimento e apreendendo práticas pela imitação, basicamente.

Em um dos estudos voltados para a temática, Robert Lerman aponta o contraste entre os Estados Unidos e outros países, notadamente a Alemanha, no que diz respeito à conexão entre ensino médio e superior: "Ao contrário de muitos países, o sistema dos EUA tem pouca ligação com as escolas secundárias e geralmente recruta trabalhadores adultos. Apenas cerca de um em cada cinco aprendizes estão abaixo dos 25 anos e a média de idade é de cerca de trinta anos" (Lerman, 2012).

Rosenbaum reforça essa comparação: menos de 2% dos graduados na *high school* norte-americana entram em programas de *apprenticeships*, comparados com aproximadamente 70% dos jovens alemães. E, na média, os aprendizes norte-americanos têm 27 anos, bem acima da chamada faixa etária adequada do ensino superior e bem acima, também, da média alemã (Rosenbaum, 1992).

Os programas de *apprenticeship*, que combinam ensino em sala de aula com prática no local de trabalho, são pouco significativos nos EUA, diz Lerman. E chama a atenção para as vantagens do *contextualized learning, work-based learning*. Lembra, ainda, que tradicionais carreiras de nível superior exploram coisa parecida com essa forma de ensino. É o caso da medicina e do direito, que requerem *work-based learning*. Poderíamos estender a lista, incluído o ensino de administração através de *"cases"*. E tantos outros.

Lerman vai além, relaciona esse *handicap* norte-americano com uma visão geral da educação e do "sucesso" profissional, resumida na fórmula *Academics Only and the College for All Mentality*. Isto é, a ideia de um caminho único (e certeiro) para o "sucesso": a aquisição de um bacharelado. Isto predomina nos EUA, diz Lerman, apesar de algumas tentativas (o STOWA, School-To-Work Opportunities Act, de 1994). Voltaremos ao *college for all* em outra parte da pesquisa.

Reparemos que Lerman não apenas afirma a falta ou fragilidade de programas voltados para os *forgotten half*, aqueles jovens que não vão para o ensino superior (ou que o abandonarão logo de cara). Essa é uma de suas pregações. A outra é aquela que advoga a adoção de uma *forma de ensinar* como essa (*apprenticeship*) em vários níveis e campos, inclusive nos mais "elevados". É o que se depreende também do ensaio de James E. Rosenbaum (1992).

Rosenbaum realça, também, a eficiência desse modo de ensino no campo mais "elementar" das profissões para os *middle class jobs*. Segundo ele, mesmo no ensino *school-based* (isto é, em outros que não o *dual-system*), a *apprenticeship* faz mais sentido. Ao invés de um procedimento específico dos locais de trabalho, o ensino por *apprenticeship* deveria ocorrer em diferentes ambientes e formas, mesmo nas séries iniciais.

O autor cita diferentes formas de organizar tais experiências de aprendizagem, com diferentes combinações de escola e emprego, ou escola e estágio. E bate mais uma vez na tecla da eficiência. A aprendizagem é melhor pelo fazer, o *learn by doing*. E por quê? Entre outras razões, porque

Ensino superior e formação para o trabalho

"os jovens encaram o trabalho como algo real e por isso o levam a sério". Na escola, diz ele, os estudantes ouvem a história de que "aquilo um dia será necessário". Uma educação *just in case*. Contrasta com a outra situação: *At work, learning has an immediate application and immediate payoff.* Uma educação *just in time* e, talvez, *just for you*.

Uma terceira vantagem, agrega Rosenbaum, é que aprender no trabalho é algo que ocorre entre adultos – algo relevante para a incorporação do jovem no mundo em que passa a viver.

Uma parceira de Rosenbaum nessa publicação, Sue E. Berryman, conhecida especialista do World Bank, também bate na tecla da extensão dos métodos da *apprenticeship* para as outras ofertas educativas: "A aprendizagem é um paradigma de aprendizagem amplamente aplicável para a educação e a formação de todos os indivíduos, sejam inclinados ao ensino superior ou não".

Crítica o padrão do ensino reinante na educação K-12 (fundamental e média), marcada por quatro práticas falidas: (aprendizagem passiva, fragmentada, baseada em fatos e testes de certo e errado e, finalmente, não contextualizada.

Berryman, contudo, introduz importante reflexão sobre a especificidade de alguns campos de conhecimento e algumas formas de habilidade não diretamente "manuseáveis" e visíveis:

> A aprendizagem tradicional geralmente é organizada em torno de práticas visualmente observáveis que precisam ser ensinadas, tem que ser modificada para se tornar visível para tornar visíveis, para modelagem e discussão, os componentes cognitivos não visíveis do trabalho moderno.

O tal *Passive Learning* depende fundamentalmente de um conceito de educação baseado na ideia de "transmissão". E em geral imagina ensinar (transmitir) o conhecimento, não formar competências, habilidades, hábitos de pensar e atuar. Assim: "Embora as escolas muitas vezes ensinem habilidades e conhecimentos fora de seus contextos de uso, a pesquisa mostra que o contexto melhora a aprendizagem".

O problema com aquilo que se chama de *apprenticeship*, ou, melhor dizendo, com a forma *tradicional* de *apprenticeship*, diz Berryman, é que ela não é inteiramente transferível para a sociedade moderna, a vida moderna, a economia moderna. Essa *traditional apprenticeship*, em geral, opera bem quando se trata de ensinar habilidades visíveis e manuseáveis, por assim dizer. Contudo, os equipamentos e processos da economia moderna são diferentes:

Hoje, para entender, diagnosticar e corrigir as novas máquinas, os técnicos precisam ser capazes de representar suas estruturas e processos simbolicamente em suas cabeças. Para isso, precisam ser capazes de compreender complicados manuais, diagramas e atualizações fornecidas pelos fabricantes!

Os componentes dessas atividades são usualmente não visíveis. E o ensino tem que levar em conta isso, precisa "inventar analogias apropriadas para a aprendizagem de práticas menos visualizáveis", isto é, criar formas de adaptar a *apprenticeship* para o ensino de atividades como a leitura, a escrita, o cálculo.

Berryman faz, ainda, outra advertência quanto à ideia de simplesmente "transplantar" o modelo alemão de educação vocacional. Lembra que o modelo só faz sentido dentro de uma sociedade como a alemã e teria dificuldade em sobreviver em sociedade tão diferente como a norte-americana. Lembra ela, por exemplo, que os EUA diferem de competidores como Alemanha e Japão em um aspecto essencial: o tipo de "pacto social" entre empregadores, empregados e poderes públicos.

Um dos temas examinados no estudo de Berryman – *apprenticeship* como paradigma para ensino/aprendizagem em geral, inclusive para atividades "não manuais" – foi explorado também por outros analistas.

É o caso de Allan Collins, que procura contextualizar a ideia de educação e de sistema escolar que tem povoado as nossas mentes:

> Foi só no século passado, e apenas nos países industrializados, que a educação formal emergiu como um método generalizado de educar os jovens. Antes das escolas, a aprendizagem foi o meio mais comum de aprendizagem, usado para transmitir o conhecimento necessário para a prática especializada nos campos da pintura e escultura assim como para medicina e direito. (Collins, 1987)

A "escolarização" desse ensino, dessa preparação para o mundo do trabalho, tem efeitos graves:

> Talvez como um subproduto da especialização da aprendizagem nas escolas, as habilidades e os conhecimentos ensinados nas escolas tem-se desligado dos seus usos no mundo. Na *apprenticeship*, por outro lado, as habilidades não apenas são postas em uso por profissionais qualificados, mas são instrumentais para a realização de tarefas que têm sentido. (Ibid., 1987)

Collins acredita que se possa adaptar a *apprenticeship* para habilidades de outra natureza, menos manual – ler, escrever, calcular:

Ensino superior e formação para o trabalho

[...] métodos que tradicionalmente têm sido empregados para transmitir conhecimentos e complexos processos físicos. Propomos que esses métodos de aprendizagem sejam adaptados para o ensino e a aprendizagem de habilidades cognitivas complexas. (Ibid.,1987)

Assim, faz uma descrição dos métodos frequentes da *apprenticeship*, batizados de *modelling, coaching* e *fading*.

> Nesta sequência de atividades, o aprendiz observa repetidamente o mestre que executa (ou modela) o processo visado, o que geralmente envolve um número de sub-habilidades diferentes mas inter-relacionadas. O aprendiz, em seguida, tenta executar o processo com ajuda e orientação do mestre (treinador). (Ibid.,1987)

Em um terceiro momento, depois que esses "andaimes" ou suportes da aprendizagem produzem seus efeitos, o professor-*coach* muda sua presença na cena:

> Uma vez que o aluno tem uma ideia da habilidade visada, o mestre reduz sua participação (*fades*), fornecendo apenas limitados refinamentos e algum *feedback* para o aluno, que pratica, por sucessivas aproximações, a suave execução do conjunto. (Ibid., 1987)

Analogamente ao que faz Berryman, Collins enfatiza que é preciso produzir adaptações, para que essa *apprenticeship* seja praticável no ensino de processos mais abstratos, mentais: "A aplicação de métodos de *apprenticeship* a habilidades cognitivas amplas exige, em grande parte, a exteriorização de processos que são geralmente realizados internamente" (ibid., 1987).

Mas há duas grandes diferenças entre a *apprenticeship* cognitiva e a tradicional:

> Primeiro, porque a *apprenticeship* tradicional situa-se no local de trabalho, os problemas e as tarefas que são dadas aos aprendizes surgem não de preocupações pedagógicas, mas das exigências do ambiente de trabalho.
> [...]
> Uma segunda diferença entre aprendizagem cognitiva e aprendizagem tradicional é a ênfase da aprendizagem cognitiva na descontextualização do conhecimento, para que ele possa ser inserido em muitas configurações diferentes. Aprendizagem tradicional enfatiza o ensino de habilidades no contexto da sua utilização. Propomos que aprendizagem cognitiva deva estender a aprendizagem situada para diversas configurações para que os alunos aprendam a aplicar suas habilidades em diferentes contextos. (Ibid.,1987)

Com isso, voltamos a Robert Lerman e sua proposta de trazer a *apprenticeship* germânica para o ambiente formativo norte-americano. Como dissemos acima, ele aponta alguns obstáculos socioculturais para essa empreitada. E sublinha um deles como quase impeditivo – a mentalidade *college for all* ou *only academics*. Uma série de estudos polêmicos surgiram, em diferentes momentos, confrontando essa visão. Nos anos 1960, com a redução do *gap salarial* entre os trabalhadores com *college* ou sem *college*, isto é, com a redução da atratividade do diploma de bacharel, sobretudo, essa literatura se tornou "popular" – algo que comentamos em outra nota de pesquisa.

Uma outra questão polêmica discutida por Lerman é o conteúdo do ensino, ou a natureza das qualificações e habilidades que devem ser ensinadas para, supostamente, evitar o tal *skill mismatch*.[1] Em especial, recolhe o que se tem dito com relação ao ensino de matemática. Ou da exigência da matemática para suprir o tal *skills gap* ou *skills mismatch*. Lerman recolhe dados do estudo de Murnane e Levy (1995) a esse respeito, e resume tais aquisições deste modo: "a capacidade de ler, pelo menos no nível da nona série, a capacidade matemática pelo menos nesse nível e a capacidade de resolver problemas semiestruturados onde hipóteses devem ser formadas e testadas".

Acrescenta habilidades não diretamente acadêmicas, como a capacidade de trabalhar em grupos, comunicar-se com os outros etc.

Com relação à matemática, recolhe dados do estudo de Michael Handel – Survey of Workplace Skills, Technology, and Management Practices (STAMP). O resultado da discussão é forte. E se junta a uma polêmica que se estende por vários anos. Há questões que dividem fortemente os estudiosos da educação norte-americana (e não somente eles). Por exemplo: o que exatamente entendemos por "matemática" quando falamos sobre sua imprescindibilidade? E por que/para que é imprescindível? Até que ponto deve ser "exigida"? Para quais tipos de estudantes/profissionais?

Lerman, como disse, explora os dados do estudo de Handel e expõe conclusões algo incômodas:

> Quase todos os trabalhadores usam alguma matemática e 69% usam frações, mas menos de um em quatro usa algo mais avançado do que isso. Somente 19% usam as habilidades desenvolvidas em álgebra I e só 9% usam álgebra II.

---

1 A carência mencionada (*labour shortage* ou *mismatch*) é questionada em numerosos estudos. Ver, por exemplo, Lawrence Mishel e Ruy A. Teixeira (1991).

Mesmo entre trabalhadores *white-collar* superiores, profissionais e gerentes, o uso de matemática escolar (média a alta) é contundentemente baixo. Só 14% desses profissionais ou técnicos relatam usar álgebra II e apenas 22% reportam estatística. (Lerman, 2012)

O que se chama de álgebra I inclui tópicos como: expoentes, raiz quadrada, resolução de equações de primeiro e segundo graus, elaboração e interpretação de gráficos cartesianos.

Álgebra II inclui logaritmos, equações quadráticas, sistemas de equações, séries geométricas finitas e infinitas.

Trabalhadores manuais de nível mais elevado utilizam álgebra I (36%) e geometria e/ou trigonometria (29%). Esses trabalhadores também precisam interpretar representações visuais como mapas, diagramas, plantas etc. (82% e 62%, respectivamente). Algumas vezes precisam elaborar materiais como esses. Desnecessário dizer que tais resultados colocam em xeque vários pressupostos quanto a conteúdos da educação – se a encaramos, estritamente, como preparação para o trabalho.

Essa tem sido uma enorme contenda entre educadores norte-americanos, com incidência sobre a exigência de proficiência em álgebra para a obtenção do diploma de ensino médio, por exemplo. Ou sobre o conteúdo do ensino de tais tópicos, com ênfase no virtuosismo e no detalhe, em detrimento da "alfabetização quantitativa" ou da compreensão dos contextos e de tópicos que apelam a quadros cognitivos mais amplos e genéricos (como os de ordem de grandeza, análise dimensional, estatística etc.). Com frequência o debate questiona aquilo que se deve ensinar (grade curricular, listagem dos tópicos), levando em conta a definição mais larga de corpo estudantil (não apenas os jovens que "vão virar cientistas"). A matemática, sobretudo, é foco de numerosas controvérsias: *se*, *qual*, *quanto* e *como* são os vocábulos introdutores do problema.

7
APPRENTICESHIP E A INSPIRAÇÃO ALEMÃ – O ESTUDO DE STEPHEN F. HAMILTON

Como dissemos, o sistema dual alemão – centrado no que se denomina *apprenticeship* – tem sido apontado, por muitos estudiosos norte-americanos, como uma referência ou quase como um modelo a importar e adaptar, com vistas a cobrir uma alegada falha do sistema educativo dos Estados Unidos: um eficiente sistema de *workforce development*.

O trabalho mais sistemático, nessa direção, foi realizado por Stephen Hamilton, a partir de um estudo detalhado do modelo alemão.

Na verdade, a *apprenticeship* tem inspirado mais do que isso. Tem sido tomada como exemplo de renovação para todos os sistemas de ensino/aprendizagem, desde a escola elementar/média (o conhecido sistema K-12) como o ensino superior, notadamente em suas escolas profissionais (engenharia, medicina, direito, entre outras).

Em um provocativo ensaio, Allan Collins pergunta pelos motivos dessa ampliação de escopo no debate: a *apprenticeship*, de fato, está longe de ser uma "novidade". Pelo contrário, é um método de ensino antigo e generalizado:

> É só no século passado, e apenas nos países industrializados, que a educação formal emergiu como um método generalizado de educar os jovens. Antes das escolas, a aprendizagem foi o meio mais comum de ensino, usado para transmitir o conhecimento necessário para a prática especializada em campos que iam da pintura e da escultura até a medicina e o direito. (Collins, 1987)

Assim, o que o debate provoca ou tenta provocar é esse "distanciamento" através do qual nos damos conta de que esse método (tão utilizado e tão bem-sucedido em tantas áreas) pode ser reelaborado para dar conta de desafios presentes.

O livro de Stephen F. Hamilton (*Apprenticeship for Adulthood*, de 1990) teve grande repercussão naqueles anos. O estudo teria sido fortemente estimulado pela carência que identificava nos EUA: são cada vez mais escassos os empregos semiespecializados na manufatura, empregos que outrora garantiam salários suficientes para guindar os trabalhadores a uma suposta "classe média". Contudo, esse é o que se pode chamar de pano de fundo da discussão.

O autor recorda que as tentativas de reforma na educação norte-americana têm sido marcadas por um paradoxo: lamenta-se a incapacidade de responder a problemas práticos e, de outro lado, aventa-se uma "solução" que com frequência se distancia de tal diagnóstico.

O ponto de partida que julga relevante, nessas tentativas recentes, é o famoso documento *A Nation at Risk*, que já comentamos em outro momento. Hamilton aponta o que acha definidor do documento e do processo reformador que engendrou: induzir os estudantes a fazer mais cursos "acadêmicos". Testá-los com frequência e com rigor nesses conhecimentos.

Isso lhe parece problemático: "o movimento de reforma de escola na década de 1980 ignorou os efeitos não escolares sobre o desempenho do aluno, afirmando fortemente que todos os jovens deviam aprender as mesmas coisas da mesma forma". (Hamilton, 1990)

Para ele é muito relevante o contraste entre aquilo que cerca a passagem para a vida adulta nos EUA e na Alemanha. Hamilton lembra que mais de 60% dos jovens alemães (16-28 anos) são aprendizes, o que torna essa forma de educação a mais importante no nível secundário.

O sistema dual – combinação entre escola e estágio/vivência na empresa – lhe parece definidor da escola vocacional alemã:

[...] a *Berufsschule*, ou escola profissional, focaliza acentuadamente uma ocupação específica, oferecendo cursos em contabilidade e administração para trabalhadores de escritório e em matemática aplicada e desenho técnico para mecânicos de automóvel. Todos os aprendizes estudam alemão e estudos sociais, mas suas lições contêm muitas vezes material relacionado com sua ocupação. A integração da escola com a experiência de trabalho é fundamental para a eficácia do sistema. (Ibid.)

E o confronta com o que espera a juventude norte-americana:

Ensino superior e formação para o trabalho

Em marcante contraste com a suposição básica de *A Nation at Risk,* segundo a qual a escola é o único lugar em que os jovens podem aprender, a maioria dos adolescentes da Alemanha Ocidental passa mais tempo nos locais de trabalho do que nas escolas. A frequência escolar é obrigatória até aos dezoito anos, mas a escola de tempo parcial *Berufsschule* satisfaz a exigência. (Ibid.)

O sistema alemão, diz ele, é mais do que um sistema ou rede de escolas, um percurso curricular ou *track* dentro dessas escolas, é um projeto integral de inclusão na vida adulta, de transição para essa fase do indivíduo:

> O sistema de aprendizagem da Alemanha Ocidental é mais do que um programa de formação destinado a ensinar os conhecimentos e habilidades relacionados a um trabalho específico. Além de cumprir essa função, é uma forma de educação geral e uma instituição para socialização da juventude. (Ibid.)

O sistema alemão tem raízes seculares, herdeiras das guildas e dos sistemas mestre aprendiz. Partiu dessa herança histórica, absorvendo-a em um todo maior, mais inclusivo:

> Um fator importante na modernização da aprendizagem foi sua incorporação formal no sistema educacional, realizado pela criação de *Berufsschulen*, escolas vocacionais de tempo parcial. A função destas escolas foi apropriadamente descrita por Georg Kerschensteiner, um dos seus principais arquitetos, quando, em 1910, ele as contrastou com as escolas vocacionais norte-americanas então emergentes. *Berufsschulen*, disse, eram destinadas a compensar as limitações do treino dos aprendizes, enquanto as escolas de formação profissional dos EUA foram projetadas para substituir o aprendizado. (Ibid.)

Não se trata, notemos, de engendrar uma escola vocacional espelhada nos procedimentos de trabalho, nas técnicas de produção, "sequestrando" os estudantes para esse ambiente de "ensaio" ou "preparação". Trata-se de uma tentativa de mesclar ou entretecer os dois mundos.

O sistema, como dissemos, faz com que a maior parte dos jovens alemães tenham uma experiência de educação profissional na escola secundária. Desde logo, o sistema foi marcado por uma seleção precoce dos jovens, uma "predestinação" definida logo no final da escola elementar, momento em que se separam dois grandes contingentes de crianças-adolescentes: aqueles que irão para o ensino vocacional e o trabalho, e aqueles que demorarão mais tempo para isso, passando pelo mundo do ensino superior, vestíbulo para as ocupações "nobres".

Contudo, por diversos motivos, essa separação ou alocação tem nuances. Essas nuances têm muito a ver com aspectos peculiares da sociedade alemã, quando comparada com a "variedade de capitalismo" norte-americana. Por exemplo, a forma de gestão das empresas, de incorporação da força de trabalho nessa gestão. Ou a desigualdade de renda e prestígio entre o mundo *blue--collar* e o mundo *white-collar* nessa sociedade, uma desigualdade bem menos flagrante do que aquela registrada no mundo norte-americano. Já comentamos essa questão em outros trabalhos – aqui, apenas a menciono.

De qualquer modo, por todos esses motivos, nota-se, entre os jovens alemães, um fenômeno curioso e talvez inesperado para quem o vê como um sistema de castas:

> Talvez a mudança mais dramática na trajetória dos jovens, através do sistema educativo, e a mais dramática prova da vitalidade do aprendizado, é a crescente proporção de *Abiturienten* (aqueles qualificados para entrar em universidades por conta da obtenção de um *Abitur*) que, alternativamente, escolhem entrar em um programa de aprendizagem. (Ibid.)

Os estudantes "escolhidos" para o *tracking* acadêmico optam pelo vocacional (ou pela combinação dos dois). E, do outro lado da cerca, também se registra uma modulação da regra: nas últimas décadas, mais estudantes formados pelo *tracking* vocacional dão continuidade a seus estudos, ingressando em cursos superiores, já que as reformas do sistema providenciaram algumas "passarelas" para tal trânsito.[1]

Hamilton não aponta apenas a diferença entre os dois sistemas e o sucesso mais visível dos alemães em produzir trabalhadores manuais e técnicos. Ele lembra uma vantagem pedagógica do sistema germânico:

> Escolaridade prolongada e confinamento prolongado ao mercado de trabalho secundário obscurecem, para a juventude norte-americana, as razões para se esforçar na escola [...] Os professores dizem: "aprenda isto; você precisará disto quando for mais velho". Mas, lá pela décima série, essa alegação se esgota. Jovens que pretendem seguir o ensino superior aceitam a importância do trabalho escolar, porque eles se importam com os testes de aptidão (SAT – Scholastic Aptitude Test) ou descobriram como entender matérias sem sentido de modo suficiente para passar nos exames. Poucos deles realmente acreditam que serão questionados sobre o

---

1 Aliás, é cada vez maior o número de estudantes portadores do *Abiturien* (diploma de acesso à universidade) que preferem fazer um treinamento técnico antes, durante ou depois da universidade. Ver Pilz (2009).

que Vasco da Gama descobriu ou desafiados a solucionar problemas de geometria sólida. (Ibid.)

A escola alemã, como dissemos, tem raízes em um velho mundo – o mundo da relação mestre-aprendiz. E parecia confinada a determinado mundo (hoje talvez evanescente), o mundo produtivo construído a partir da segunda Revolução Industrial. Aparentemente, o alegado novo desenho produtivo (a acumulação flexível) conflitaria com essa rigidez. Não é o que parece, diz Hamilton:

> Embora muitos alemães lamentassem, uma década atrás, que as condições atuais da indústria tinham tornado superada a *apprenticeship*, análises recentes concluíram que é o método ideal para preparar exatamente o tipo de trabalhador industrial altamente qualificado, mas altamente flexível, aquele cuja existência é crítica para os novos modos de produção. (Ibid.)

Alguns autores falam em uma "sobre-educação" dos trabalhadores alemães. Lembram, porém, que esse "excesso" os torna mais abertos à atualização e ao chamado *long life learning*.

O balanço de Hamilton, sobre o edifício educativo estadunidense, é um apelo à reforma. Por um lado, diz ele, o sistema norte-americano é admirado e invejado:

> Nos Estados Unidos, fazemos um trabalho admirável para socializar e educar aqueles que se dão bem na escola. Nossas melhores escolas de ensino médio são excelentes e nossas universidades são, indiscutivelmente, as melhores do mundo. A formação universitária para gerentes, advogados, médicos e engenheiros é de primeira. (Ibid.)

Mas existe o outro lado:

> Tem menos qualidade a educação oferecida para aqueles cujos desempenho escolar e realização profissional estão nos níveis mais baixos. Nossa metáfora coletiva, segundo a qual a vida é como uma competição, deixa aqueles que não chegaram ao topo com a convicção de sua inadequação e deixa o resto da sociedade despreocupada com o que acontece com eles. Eles pertencem a uma categoria residual, daqueles que não eram bons o suficiente para se formar na faculdade e assumir uma das posições profissionais privilegiadas. A eles se permite que entrem nas ocupações profissionais de nível mais baixo, classificando-se por um processo de tentativa e erro. (Ibid.)

Enquanto for possível manter um sistema produtivo (e todo um sistema social) modelado sobre uma forma de taylorismo generalizado (com a separação radical entre concepção e execução, prancheta e oficina), isso é suportável. Mas, e depois?

A sugestão de Hamilton para que os norte-americanos observem o sistema alemão e utilizem alguns de seus sucessos para reformar o seu sistema é mais do que uma sugestão que desemboque na criação de um "programa para os pobres", ou uma escola para os estudantes "não acadêmicos". Isso, a seu ver, seria equivocado por vários motivos:

> Embora a maior necessidade de aprendizagem situe-se entre aqueles deixados fora do ensino superior, um dos riscos na criação de um sistema exclusivamente para esse grupo é que ele se tornaria, por definição, uma segunda escolha. (Ibid.)

Em contrapartida, o que propõe é:

> Um sistema de aprendizagem diversificado, que enfatiza a preparação geral, complementa a escolaridade e leva a certificações escolares, é uma instituição apropriada para todos os jovens nos Estados Unidos, incluindo aqueles que têm a expectativa de ir para o ensino superior. (Ibid.)

Em outras palavras, trata-se de "montar um sistema diversificado de *apprenticeship* disponível para toda a juventude, criando um sistema, não apenas um programa". (Ibid.).

De fato, Hamilton não propõe um "transplante", nem a criação de algo novo e sem raízes no existente. Propõe o *American-Style Apprenticeship System*. E alega, de modo otimista, que "os elementos essenciais da *apprenticeship* já existem nos Estados Unidos".

Essas palavras foram escritas em 1991, quase trinta anos atrás. Aparentemente, eram demasiadamente otimistas, no que diz respeito às perspectivas da *apprenticeship*. A manufatura mudava rapidamente e o sistema educativo tinha dificuldade em responder a tais mudanças. Mais um passo, a manufatura acentuaria seus movimentos "migratórios", exportando empregos. O treinamento para o emprego *blue-collar* tornar-se-ia quase obsoleto. Em seguida, mesmo os empregos técnicos e *white-collar* passariam por essas alterações – automação e *offshoring*. Ainda assim, alterações significativas nos programas de *workforce development* ainda são pouco visíveis.

8
OS DIFERENTES USOS DA *APPRENTICESHIP* – MODELO PARA EDUCAÇÃO VOCACIONAL E/OU INSPIRADORA PARA A REFORMA DO ENSINO SUPERIOR

No debate sobre a forma de ensino conhecida como *apprenticeship* (usualmente relacionada ao ensino profissional alemão) mais de uma vez se fez referência a sua relevância, também, para o ensino de ocupações superiores de alto prestígio e sofisticação (medicina, direito, engenharia etc.). Assim, volta ao debate o tema da formação do "profissional reflexivo", de Donald Schön, em que o ensino por projeto é essencial (Schön, 2000). Ou a proposição do ensino para o trabalho dirigido aos estudantes "orientados" para o *college*, algo apontado por Bailey e Merritt (1997).

Como vimos, já nos anos 1990, havia nos Estados Unidos – nos círculos acadêmicos, entre *policymakers* e seus assessores ou na mídia empresarial – um debate muito atento e muito rico sobre a necessidade de "modernizar" o sistema norte-americano de formação de força de trabalho. Alguns desses debatedores questionavam, com pertinência, se havia mesmo um tal sistema – ou se algum dia houvera.

O calor de algumas dessas polêmicas se devia a certos agentes inflamáveis. Um deles era o desafio que os competidores europeus e asiáticos faziam à manufatura norte-americana, desde os anos 1970. Uma série de conhecidos estudos do MIT batia nesse tema e insistia na comparação com a Alemanha (Dertouzos; Lester; Solow, 1989). Era frequente a afirmação da superioridade germânica no que diz respeito à geração de inovação na manufatura (inclusive nos setores ditos tradicionais). O caso alemão era posto diante da dificuldade norte-americana de superar o modelo *breakthrough* e da excessiva determinação pelo antigo facilitário da indústria impulsionada pela pesquisa militar (em grande medida displicente com relação a custos e lenta na migração para os produtos civis).

A partir dali aparecia o fantasma alemão também no que diz respeito à formação de força de trabalho qualificada (mas não superior) para a indústria. A referência, evidentemente, era ao famoso "sistema dual", ao aprendizado combinando escola e local de trabalho.

Desde aquela época, como vimos, o tema da *apprenticeship* aparecia com frequência. Stephen Hamilton era o profeta da introdução (adaptada) dessa prática na sociedade norte-americana. Outros seriam os apóstolos, como Robert Lerman. No século XXI, o próprio presidente Obama aderia ao coro. E seu secretário do Trabalho repetia seguidamente a mesma prece.

Com certa recorrência, nesses discursos, a *apprenticeship* não aparecia apenas como uma forma de organizar a educação profissional – a introdução do jovem no mundo adulto do trabalho. Era vista, também, como um inspirador para a reforma dos processos educativos em geral, inclusive a graduação (o *college* e as escolas profissionais). Algumas formulações, variantes dessa, eram a ideia de "formação do profissional reflexivo", a aprendizagem por projeto e o conhecimento contextualizado.

Em um artigo para o *The Chronicle of Higher Education*, Jennifer Gonzalez faz um resumo interessante do tópico:

> O sistema de aprendizagem (*apprenticeship*), considerado por muito tempo uma relíquia educacional por alguns educadores e formuladores de políticas, está ganhando nova atenção como um modelo promissor para melhorar as habilidades de trabalho e alcançar as metas relativas às taxas de conclusão de ensino superior. Alguns governos estaduais e *community colleges* estão trabalhando para fortalecer e expandir as oportunidades de aprendizagem. Oferecem aos participantes um salário durante o tempo em que fazem cursos e são treinados para uma ocupação. (Gonzalez, 2010)

De relíquia pedagógica a farol dos novos tempos, a *apprenticeship* não aponta apenas para a renovação do ensino profissional de nível médio, mas, como dissemos, começa a ser mencionada como inspiração para a reforma do ensino de graduação. O outro lado dessa redescoberta é o seu lugar preferencial de experimento. O *community college* passa a ser mencionado, seguidamente, como a instituição mais adequada para tais iniciativas de ensino de novo tipo. Explica-se. A ideia aparece dentro de um contexto ideológico em que (1) a chegada ao *college* é vista como "o caminho para o sucesso", (2) as ocupações manuais ou menos "intelectualizadas" têm menos prestígio (para dizer o mínimo). A entrada da *apprenticeship* e do treinamento nessas profissões "médias" encontraria aparentemente menos obstáculos no *community college*.

Soa quase como um truque ou escapatória a concretização, no nível superior, de metas educativas que, a rigor, deveriam ter sido conquistadas na *high school*. Um truque que talvez fosse mais palatável em uma instituição de ensino superior menos solene e mais próxima do público-alvo. Essa ideia é interessante, no contexto norte-americano. E talvez tenha que ser levada em conta por aqueles que se defrontam com políticas públicas similares, em contextos similares encontrados em outros países.

Apprenticeship como método, técnica ou ferramenta de renovação pedagógica

Vários analistas chamaram a atenção para o uso dos recursos da *apprenticeship* como tática de renovação do ensino superior. Um deles é o artigo de Richard M. Freeland, publicado em 1999 no *The Chronicle of Higher Education*, intitulado "How Practical Experience Can Help Revitalize Our Tired Model of Undergraduate".

Freeland afirma, desde logo, que a experiência prática pode revitalizar o ensino de graduação. E lembra as mudanças que ocorreram nos *colleges*, sobretudo na segunda metade do século XX.

As matrículas, diz ele, migraram drasticamente para campos que eram explicitamente dirigidos ao preparo para o trabalho, para a carreira, para a "vida adulta", vencendo as "formas tradicionais" que "separavam a aprendizagem de sala de aula e a experiência prática".

A tradição a que se refere é, basicamente, a dos *liberal arts colleges*, que desde seu nascedouro, ainda na colônia, visavam oferecer ao estudante "as grandes tradições acadêmicas" e cultivavam uma *"quasi-religion out of separation from the practical world"*.

As alternativas a tal ensino foram surgindo na história da educação norte-americana. Freeland não as detalha, mas podemos lembrar o modo como as engenharias foram se inserindo, tímidas e até intimidadas, naqueles templos do saber pelo saber.

Alguns historiadores lembram que os estudantes das escolas de engenharia, em Harvard ou Yale, eram quase que cidadãos de segunda classe. Até mesmo nas celebrações da igreja do campus, a turma de engenharia deveria ficar separada dos estudantes do *college* convencional. Mas a engenharia, bem como outras carreiras (saúde, administração), foram conquistando espaço.[1]

Com o tempo, porém, retoma Freeland, mesmo os estudantes nos programas profissionais foram se sentindo incomodados com currículos rígidos e pouco abertos ao experimento prático: "Ironicamente [...] para se conformar aos valores acadêmicos, muitas especialidades práticas têm trabalhado duro para se tornarem mais teóricas [...] partes de seus currículos são desconectadas do mundo da prática" (Freeland, 1999).

Um vetor que ajudava essa domesticação era a estrutura da carreira dos professores: "membros do corpo docente das áreas de engenharia e de administração nunca exerceram a prática dos campos que ensinam [...] avançam profissionalmente, publicando artigos em revistas acadêmicas" (ibid., 1999).

Sempre houve exceções, campos em que o encontro com a prática era quase que inevitável. A prática clínica, por exemplo. Freeland menciona vários exemplos de como isso poderia ser adaptado para muitos e variados campos. Muitos autores seguiriam por essa trilha (é o caso de Donald Schön, com a formação do profissional reflexivo).

A sugestão de Freeland é multiplicar as tentativas nessa direção. Por exemplo, tentar montar "*curricula that permit students to combine course work in a professional field with course work in the arts and sciences*" (ibid., 1999).

Sugere um exemplo: por que não uma combinação minor/major[2] entre sociologia e justiça criminal (uma carreira presente em muitas escolas superiores norte-americanas)?

Uma outra sugestão prática diz respeito ao recrutamento do corpo docente, que poderia incluir profissionais atuantes em seus campos (engenheiros, por exemplo).

Adverte, porém, que isso não é panaceia. Certamente não se aplica a todo e qualquer campo ou estudante.

Replicar a *apprenticeship* em todo canto?

As seguidas propostas de adoção de alguma forma de *apprenticeship* levam Kelly Field a perguntar: "Os Estados Unidos devem se tornar uma nação de aprendizes?" (Field, 2015).

---

1 Conto essa história em meu livro *Educação superior nos Estados Unidos: História e estrutura* (2015).

2 Em tradução grosseira para nossa experiência: área de concentração (na graduação) com área complementar.

A pergunta é uma provocação e um comentário a iniciativas tímidas, mas frequentes, de altas autoridades norte-americanas. Isso inclui nada menos do que Obama, que volta e meia insinua a necessidade de adotar alguns programas similares aos europeus. Mas é o seu secretário do Trabalho que se encarrega de difundir a ideia, lembra Field:

> Em palestras por todo o país, o secretário do Trabalho, Thomas E. Perez, diz ao público que aprendizes ganham U$ 300 mil a mais do que seus pares ao longo de suas carreiras. Ele muitas vezes chama a *apprenticeship* de "a outra faculdade. Sem dívida". (Ibid., 2015)

Quais os obstáculos dessa forma de ensino nos EUA? – pergunta Field. Um deles é muito importante, remete a um traço forte da "variedade de capitalismo" norte-americano, em que as desigualdades (salariais e de prestígio) são enormes, quando confrontam o trabalho manual e o intelectual, o operário e o engenheiro, por exemplo.

Diz ela que *apprenticeships* têm um problema de imagem, isto é:

> muitos norte-americanos ainda veem a *apprenticeship* como uma alternativa à faculdade, uma trilha menor para alunos mais fracos [...] para os filhos dos outros, mas não para os seus. (Ibid., 2015)

Em certa medida, é aquilo que Susanne Orange lembra com respeito ao ensino superior de curta duração na França: ele é "o ensino superior para os filhos dos outros" (Moraes, 2017, cap.2).

Alguma estratégia tem que ser adotada para superar ou contornar essa oposição, diz Field. E não apenas nas escolas superiores:

> Esse sistema pode incluir mais programas que combinam trabalho e aprendizagem, enquanto os alunos ainda estão no ensino médio [...] Mas também pode envolver cursos invertidos que colocam os dois anos de treinamento técnico antes dos dois anos de educação geral. (Ibid., 2015)

Essa segunda parte do parágrafo merece atenção, porque sugere uma inversão ou meia-inversão na ordem das disciplinas da graduação.

O estigma do trabalho manual

Charles S. Benson também ressalta esse componente (a resistência cultural ao trabalho manual). Os norte-americanos desvalorizam os trabalhadores da *front line* e suas habilidades, diz ele (Benson, 1997). E destaca algum paradoxos notáveis:

> O cirurgião precisa de habilidades manuais tanto ou mais do que um técnico em eletrônica. O *status* profissional não está estritamente relacionado a exigências intelectuais do trabalho. Sugiro que se precisa de mais disciplina mental para se tornar um serralheiro ou ferramenteiro do que para obter um diploma de contabilidade em uma universidade estadual. (Ibid., 1997)

A reflexão de Benson coincide com a de muitos outros especialistas que, desde os anos 1980, pelo menos, vinham pregando a adoção de uma perspectiva heterodoxa (para uma época marcada pelo *A Nation at Risk*): a "aprendizagem contextualizada. E universal, isto é, aquela que permite que quase todos os alunos, não apenas uma minoria, obtenham um conhecimento prático profundo de matemática, ciências e línguas" (ibid., 1997).

A justificativa dos estudos (mormente do que se conhece como ciência cognitiva) era sintetizada por Benson: "para a maioria das pessoas, aprendizagem efetiva requer um contexto que tenha relevância para elas".

A recomendação também depende de uma desfetichização da ideia de carreira técnica:

> Qual é a definição de carreira técnica? Carreiras técnicas são encontradas na manufatura, e, nelas, as pessoas portam títulos como engenheiro júnior, artesão, técnico, contramestre e, em empresas menores, gerentes de produção. No entanto, há um grande número de carreiras técnicas em campos outros que não a indústria manufatureira: saúde, comunicações, agricultura, construção, hotelaria, escritórios, para citar alguns. Carreiras técnicas implicam conhecimento tecnológico no trabalho realizado. (Ibid., 1997)

Benson cita, em seu apoio, um documento do Departamento do Trabalho dos EUA:

> As habilidades que as pessoas precisam ter (mesmo que continuem no mesmo trabalho de antes) mudaram na direção de habilidades mais altas e mais numerosas. O mercado de trabalho competitivo atual, independentemente do produto ou serviço, é um ambiente de altas habilidades concebido em torno de tecnologias e

Ensino superior e formação para o trabalho

pessoas que são tecnicamente competentes. Os trabalhadores da linha de montagem agora devem entender seu trabalho como parte de um todo muito maior. Muitos trabalhadores devem ter familiaridade com equipamento controlado por computadores. Supervisores devem enfrentar tarefas como orçamento e planejamento fiscal, funcionários burocráticos e demais profissionais de apoio devem lidar com processamento de texto complexo e funções de planilha avançadas. É provável que relativamente poucos desses trabalhadores sejam formados em faculdades, enquanto, não faz muito tempo, a maioria dessas habilidades teria sido exigida apenas daqueles com diploma superior. (Ibid., 1997, p.3)

E conclui com algo que nos redireciona para um dos temas centrais desta nota, que é o papel fundamental que podem cumprir, nessa tarefa, os *community colleges*:

Sugiro que em *community colleges* as condições são mais favoráveis para a implementação do novo vocacionalismo. Professores vocacionais, em comparação com aqueles em programas acadêmicos (*transfer*), muitas vezes são a maioria e muitos professores profissionais são altamente respeitados. (Ibid., 1997)

Entre outros motivos, porque a resistência e a prevenção contra o vocacional são menos marcadas. Isso se vê no lado do corpo docente – em que há numerosos profissionais que "também ensinam". E na "clientela": "A oposição dos pais à educação vocacional no nível pós-secundário não é usualmente um problema sério" (Ibid., 1997).

Escola como negação da aprendizagem prática – o mal que disso resulta

A história é narrada por John Abbott e Heather McTaggart:

Em 1904, psicólogos norte-americanos, observando a vida aparentemente caótica e disfuncional de adolescentes, com nada de significativo para fazer e sem modelos a seguir, passaram a definir a adolescência como um tipo de doença provocada, presumiam, pelo rápido desenvolvimento de hormônios sexuais. Argumentaram isso com força (mas de modo simplista) para políticos dispostos a se impressionar, tinha que ser tratado com a extensão dos anos de escolaridade para "proteger" adolescentes contra os riscos da vida adulta, até estarem maduros o suficiente para lidar consigo mesmos por conta própria. Esse foi o nascimento da escola secundária moderna – um modo de firmar o terreno em que os problemas da adolescência poderiam ser trabalhados, até que, finalmente, os jovens ficassem suficientemente maduros para lidar com a sociedade adulta. (Abbott; McTaggart, 2010)

O desdobramento dessa visão é dolorosa. Se a adolescência é definida como uma espécie de doença, abre-se o caminho para uma compreensão da escola bastante questionável: a "doença" deve ser "tratada com longos anos de escola para 'proteger' os adolescentes dos riscos da vida adulta até atingirem a maturidade". A sequência da frase é ainda mais tenebrosa: este é "o nascimento da escola secundária moderna".

E o contraponto dessa instituição é a *apprenticeship*:

> A escola era o exato oposto da *apprenticeship*. Crianças em idade escolar eram obrigadas a sentar obedientemente nas salas de aula, ouvir a sabedoria recebida do professor e depois reproduzir esse conhecimento quando testadas. (Ibid., 2010)

Os autores sublinham o retrocesso que isso podia gerar:

> Cada habilidade aprendida, cada experiência internalizada, aumentava o sentido de autonomia do aprendiz. Pesquisas recentes da ciência cognitiva e neurobiologia tornam óbvio que a aprendizagem era uma resposta culturalmente apropriada para as alterações neurológicas do cérebro adolescente. (Ibid., 2010)

Apprenticeship for all – caminho da reforma educativa

Quase como uma resposta a tal enquadramento perverso citado anteriormente, uma série de educadores norte-americanos vem apresentando, há décadas, a proposta de fazer da *apprenticeship*, readaptada, reconfigurada, um instrumento de reforma da própria instituição escolar, em seus diferentes níveis (elementar, médio, superior) e modalidades (acadêmica, vocacional).

Vejamos, por exemplo, o artigo de Scott Carlson, no *The Chronicle of Higher Education* (Carlson, 2017). Trata-se de um balanço de tais propostas, reforçando a ideia de que os programas de *apprenticeship* não eram ou não deveriam ser mais alternativas ao percurso que leva ao *college*, mas um suplemento. E não deveria, de modo algum, ser apresentado como alternativa, como algo que desvia do *college*.

A ideia é ainda mais detalhada por Jeffrey J. Selingo, na mesma publicação, expondo, ainda mais enfaticamente, uma reforma estrutural nos cursos de graduação (Selingo, 2016). A reforma da educação superior

Ensino superior e formação para o trabalho

"padrão", o bacharelado, curso de quatro anos, deve começar com um balanço de suas pobrezas, alinhadas em uma série de qualificações duras: "ladainha de cursos obrigatórios de educação geral", aulas "tediosas e chatas", "nenhuma conexão com o mundo exterior".

A ineficiência desse ensino é derivada de uma estrutura dos cursos viciada, engessada: "cursos introdutórios pesadamente dependentes de aulas expositivas, seguidos de cursos experimentais no nível mais elevado" (ibid., 2016).

Selingo destaca que essa cristalização perversa contraria o que sempre animou o projeto educativo norte-americano, desde suas origens:

> Assim, começou o debate sobre a finalidade da faculdade (ela deveria fornecer uma ampla educação ou a formação para um trabalho?) que continua até hoje. As faculdades construídas através da concessão de terras, criadas pela Lei Morrill em 1862, acabaram se tornando gigantes em seus estados, adicionando a seu currículo agrícola programas em mecânica, engenharia e manufatura. O número de cursos vocacionais decolou durante o século seguinte, à medida que, nas universidades, eram criadas escolas inteiras de educação, economia, administração pública e jornalismo. (Ibid., 2016)

E a "carreira", o vocacional, é, de fato, a linha mestra do ensino acadêmico norte-americano:

> Diplomas em áreas aplicadas estão mais em voga. Administração é a graduação mais popular agora, e as faculdades têm melhorado seus programas acadêmicos e adicionado mais programas pré-profissionais (mesmo em áreas estreitamente modeladas, tais como mídias sociais) para tornar os diplomas mais suscetíveis de levar a um emprego. (Ibid., 2016)

Reparemos que nesse discurso, progressivamente, o ensino vocacional e a *apprenticeship* deixam de ser uma trilha alternativa ao "acadêmico". É delineado, por esses analistas, como algo que complementa e reconfigura o próprio sentido do acadêmico, aumentando a eficiência da aprendizagem "tradicional".

Ainda assim, deve-se notar que essa teorização (diversificada, não homogênea) tem como pano de fundo o reconhecimento, ainda uma vez, dos *forgotten half*, o mesmo grupo fantasma que reaparece no artigo de Regina Deil-Amen (2010).

A autora lista três grandes grupos (chamaremos de G1, G2, G3) no estudantado norte-americano:

Em vez da ideia tradicional de duas trilhas (uma acadêmica e uma vocacional), estudantes secundários e pós-secundários podem ser divididos conceitualmente em três categorias. O primeiro grupo é exposto a um legítimo currículo de preparação para a faculdade, que leva ao sucesso e a ocupações gratificantes. O segundo grupo é relativamente preparado para a participação na força de trabalho através do seu envolvimento em programas de educação técnica (CTE), seja na escola secundária ou na carreira pós-secundária (Levesque et al., 2008). Um terceiro grupo constitui uma subclasse virtual de estudantes que não são prontos para cursar uma faculdade nem um currículo vocacional identificável. (Deil-Amen, 2010)

Assim podemos esquematizar os grupos:

G1	33%	Trajetória que leva à preparação para o *college*. Predominantemente branco e de *status* socioeconômico mais alto
G2	25%	Estudantes que seguem pelo menos dois cursos na área vocacional
G3	40%	Nem adequada preparação para o *college* nem treinamento vocacional

Como se podia esperar, esse terceiro grupo é composto principalmente por minorias étnicas, os imigrantes que buscam aprender o inglês necessário para viver e trabalhar no país. E pelos seus filhos – isto é, *first-generation college students*.

Um retrospecto histórico talvez nos ajude a colocar esse quadro em perspectiva. Há várias décadas, James Conant comparava os sistemas educativos de Alemanha e Estados Unidos, no seu famoso *report* sobre a American High School. Indicava as diferenças, mas alertava para o fato de que os dois caminhos produziam resultados similares – ambos filtravam em iguais proporções aqueles que se encaixariam nos diferentes degraus da ordem social (e ocupacional). Dizia preferir o sistema norte-americano – porque evitava a seleção precoce e, assim, era mais aberto às vocações e inclinações individuais, era mais igualitário, propiciando oportunidades menos desiguais. Alegava, também, que ele seria mais eficiente, ao fim das contas, porque selecionava talentos em uma "cesta" de estudantes mais ampla, diversificada.

Como indicava o famoso *report* sobre os *Forgotten Half* (William T. Grant Foundation on Work, Family, and Citizenship, 1988), a realidade era bem outra:

É amplo e provavelmente se amplia cada vez mais o abismo entre o ensino nas escolas secundárias norte-americanas (especialmente as escolas urbanas) e a realidade do emprego em ocupações técnicas bem remuneradas. De outro lado, esta

Ensino superior e formação para o trabalho

lacuna é significativamente mais estreita na Alemanha Ocidental, Suíça e Áustria. Lá, a aprendizagem cobre quase todas as ocupações que exigem competências de alto nível e empregadores participam voluntariamente dos custos de treinamento como parte de seus esforços regulares de recrutamento de empregados. Programas de aprendizagem auxiliam jovens na faixa etária entre quinze e dezenove anos com uma transição quase sem quebra entre as salas de aula do secundário para uma combinação de trabalho acadêmico e de formação, e daí para uma completa integração em ramos que exigem habilidades altamente especializadas. O sistema de aprendizagem da Alemanha Ocidental registra mais da metade dos jovens entre quinze e dezoito anos, e os sistemas da Áustria e da Suíça atingem a participação de um terço de sua juventude que não vai para o superior. Os alunos são bem treinados e altamente motivados – e quase todos obtêm bons empregos ou continuam sua educação depois de completar a aprendizagem. (Ibid., 1988, p.100-101)

Se alongarmos a perspectiva, talvez valha lembrar a profecia de Tocqueville: o país sem castas trataria de recriá-las, com outro *modus operandi*, outro algoritmo gerador. Não mais a tradição medieval da terra e da guerra, mas a força nova e sem sobrenomes do dinheiro. Em pouco tempo, sobrenomes e guerras também seriam ressuscitados como símbolos de poder. E a terra seria substituída pela nova fonte de riqueza, o crédito.

PARTE III
LIMITES DA ESCOLA

9
Pedra no meio do caminho – um fator não educacional no debate sobre formação de *skills*

Em *Education Gospel*, W. Norton Grubb e Marvin Lazerson alertavam que a transformação da escola em panaceia social encontrava seus limites em outro campo, mais complexo e mais difícil de mudar, o fraco *welfare state* norte-americano. James J. Heckman também vai nesse rumo, mostrando que a formação de força de trabalho é bem mais do que uma política educacional. "A política de educação é apenas um aspecto de uma bem-sucedida política de formação de competências, e não necessariamente a mais importante."

Os problemas de sociedades como a norte-americana, nessa área, vão muito além da escola e dos programas de formação de força de trabalho. O que se questiona, de fato, é todo um modelo de organização social e de "gerenciamento das vidas". Revisemos o campo de argumentos que Heckman procura confrontar – e como o faz.

De um modo ou de outro, com terminologias diferentes, os estudos sobre formação de força de trabalho operam com a ideia de que há dois tipos essenciais de habilidades ou formas de conhecimento requisitados pelo mundo do trabalho, amplamente definido. Alguns opõem o conhecimento tácito ao explícito, o declarativo ao procedimental. Outros preferem distinguir as habilidades cognitivas e as não cognitivas.

Em estudo coletivo publicado pela National Academy Press, Nelsen Bonalyn resume a descrição:

Os postos de trabalho não só exigem conhecimento formal – fatos, princípios, teorias, matemática e habilidades de escrita – mas também conhecimento informal contidos na heurística, nos hábitos de trabalho e na compreensão contextualizada das ferramentas e técnicas. (Bonalyn, 1997).

Nesse arrazoado, para dar conta da aquisição das habilidades cognitivas, a noção de "alfabetização" (*literacy*) é bastante alargada, englobando diferentes "linguagens", além da verbal. A *prose literacy* significa a capacidade de compreender e utilizar informação obtida de textos tais como artigos de jornal ou passagens literárias. *Document literacy* é uma noção um pouco mais ampla, significa identificar e usar informação de gráficos, tabelas, cadastros, cronologias etc. A *quantitative literacy* significa a capacidade de executar operações aritméticas e operar com números embutidos em materiais impressos (por exemplo, calcular percentuais e descontos em um anúncio de venda, um formulário de investimentos etc.). São conhecimentos a desenvolver, para que a força de trabalho esteja preparada para uso e consumo.

As habilidades não cognitivas são mais sutis, menos codificáveis, menos transmissíveis e passíveis de "embutir" em algoritmos (e, daí, em dispositivos não humanos). Em geral, são "embutidas" em pessoas – como as disposições para o trabalho. São coisas como a capacidade de trabalhar em equipe, comunicar-se com as pessoas, estar atento a mudanças e a tempos etc. Por vezes, se inclui nessa lista o que Bonalyn rotulou de "compreensão contextualizada de ferramentas e técnicas". Saber quando tais ferramentas (manuais ou intelectuais) são mais adequadas e quando outras devem ser procuradas, por exemplo.

Aqui se inicia a dissonância introduzida no acorde, através dos estudos de Heckman e seus colaboradores, que pode ser sintetizado nesta frase:

A formação das habilidades é um processo ao longo da vida que começa no útero e continua no local de trabalho. A política de educação é apenas um aspecto de uma política de formação bem-sucedida – e não necessariamente o mais importante. (Heckman; Masterov, 2007)

Heckman e seus colegas indicam que grande parte das predisposições essenciais para o "sucesso" depende de fatores bem mais amplos do que a política educacional, *stricto sensu*, e bem anteriores à "idade escolar" (também em sentido estrito).

É o que Heckman e Dimitriy V. Masterov argumentam em um capítulo ("Skill Policies for Scotland") para o livro coletivo organizado por Diane Coyle e colegas (Coyle; Alexander; Ashcroft, 2005).

Nesse texto, os autores desenvolvem o tema da frase sobre o processo de formação que inclui mas transcende a escola, citada anteriormente. Os estudos das ciências sociais e da neurociência, dizem eles, mostram quanto os resultados da escola dependem da qualidade dos estudantes que recebem – isto é, os estudos evidenciam o quanto tais resultados dependem da qualidade de vida das famílias. Assim, uma política de formação precisaria dar conta do papel da família, na geração de habilidades e motivações: "famílias disfuncionais produzem crianças lesionadas. Uma política bem-sucedida de formação inclui políticas para a família".

O drama de sociedades muito desiguais, sublinham, é que aqueles que começam com déficits precoces acumulam mais déficits em seguida: "A ação corretiva, mais adiante, é custosa e se torna proibitivamente custosa se é realizada muito tarde".

Todos esses fatores afetam, dizem eles, a avaliação que usualmente se faz da aprendizagem ou das competências. E dos lugares sociais e momentos em que se constituem.

Em outro artigo, Heckman e Masterov (2007) explicam um importante desdobramento dessa ideia. No artigo, os autores expõem os grandes traços de uma política de *skills* mais ampla do que a educacional (ou escolar, para sermos mais precisos). É uma provocação intelectual aguda. Primeiro, porque contextualiza as políticas usualmente defendidas pelos participantes do debate, relativizando seus resultados. Segundo, porque mergulha fundo nas precondições sem as quais essas políticas correm o risco de serem empreendimentos caros e ineficientes.

Essa "política das precondições" preconizada pelos autores é um desdobramento de análises que Heckman desenvolveu em numerosos artigos, em consonância com muitos outros estudos de diferente natureza (ciências sociais e neurociência). O leitor os encontrará nas referências bibliográficas deste trabalho. Nesse conjunto de trabalhos, destaca-se a ideia de um "estrago" inicial das crianças pobres – algo que começa desde o ventre da mãe e se consolida nos primeiros anos de vida, antes, portanto, do confinamento escolar. Uma ideia elementar e intuitiva, mas agora referendada pela observação metódica e cientificamente treinada.

A fórmula é simples – se as encaramos como "produtoras" de agentes intelectuais, as escolas não podem fazer milagres, não podem transformar em ouro a matéria danificada que recebem das famílias. Ou, na melhor das hipóteses, a recuperação desses danos custará muito tempo e muito dinheiro. Desnecessariamente.

A ideia (intuitiva, repita-se) é que um acidente (o "onde se nasce") desempenha papel determinante no "sucesso" das crianças. Adotar políticas para corrigir as desvantagens do nascimento não é, dizem eles, apenas uma questão de justiça social. E, assim, apontam outras razões para defendê--las. Lembram que as crianças desassistidas, e, portanto, inferiorizadas, são mais propensas ao crime, à gravidez indesejada, à deserção escolar. Reverter tais efeitos teria altos retornos econômicos.

Mas revertê-los tardiamente custa caro e é mais difícil, argumentam. E assim como as vantagens se acumulam, isso também ocorre com as desvantagens e os custos sociais. "As escolas trabalham com o que os pais dão a elas." Insistem nessas proposições.

Quais as políticas adequadas para "salvar" tais crianças? Colocá-las também "a salvo de suas famílias", dos ambientes perversos em que se prejudicam? Um alerta para que não haja uma interpretação apressada: "Políticas que removem as crianças de seus lares têm tido consequências catastróficas". Por isso, iniciativas de outra natureza têm sido tentadas – centros pré-escolares, programas de visita às casas, por exemplo. "A família é um determinante maior na participação das crianças no crime e no comportamento socialmente divergente. Uma política de suplementação à família é, assim, uma política anticrime bem-sucedida". O que, além de tudo, reduz custos com prevenção e encarceramento. E a sociedade norte--americana, campeã mundial em encarceramentos, deveria levar isso em conta. Literalmente, levar em conta. Afinal, dizem os autores, "o crime é uma pesada carga para a sociedade norte-americana. [Estima-se] que o custo do crime supera US$ 1,3 trilhão por ano (2004). O custo *per capita* é de US$ 4.818,00".

Para usar uma redundância necessária à ênfase, essa é uma das contas que precisam ser levadas em conta. Certos números são alarmantes, dizem Heckman e seus colegas: "Em 2001, havia algo como 5,6 milhões de adultos que tinham passado algum tempo em prisões federais ou estaduais – 4,3 milhões de ex-presos e 1,3 milhão no cárcere". Um terço desses 4,3 milhões, além disso, está sob supervisão correcional. Vigilância e controle. Os números crescem – eles eram 1,3% dos adultos em 1974, 1,8% em 1991 e 2,7% em 2001.

"Em termos puramente econômicos, a defesa da intervenção precoce na infância é forte." Mas há outros motivos, também econômicos, além daqueles ligados aos custos do crime e da contravenção. A sociedade norte-americana investe em treinamento para o trabalho e subinveste em educação inicial e em crianças em situação de desvantagem, enfatizando a relevância de habilidades cognitivas e não cognitivas na vida social (e naquilo que se chama de "sucesso"); os autores lembram que tais habilidades (e talvez mais ainda as não cognitivas, como o autocontrole e a

Ensino superior e formação para o trabalho

persistência) dependem do que se pode chamar de condições ambientais ou modo de vida.

A maioria dos estudiosos reconhece que a ausência de um pai, o baixo nível de recursos financeiros, o mau preparo e baixa educação parental, a falta de estimulação cognitiva e emocional, baixas competências parentais, são características de ambientes adversos.

Sintetizando os avanços da neurociência e das ciências sociais nesse campo de estudo, os autores lembram que: "As famílias produzem habilidades cognitivas, tanto quanto as não cognitivas, e ambas são importantes para o sucesso econômico e social da criança".

Por isso, dizem, o melhor meio de melhorar as escolas é melhorar o ambiente das crianças desde muito cedo. O maior impedimento para o acesso, dizem eles, talvez não sejam os fundos menores para pagar anuidades e manutenção nos anos de *college*, mas o "acidente do nascimento". Simples, intuitivo, mas nem por isso menos relevante:

A família é relevante. Mas a maioria dos norte-americanos são justificadamente relutantes em aceitar a intervenção nos primeiros anos e preferem respeitar a santidade da família. Nos últimos quarenta anos, a sociedade norte-americana tem experimentado programas voluntários de ajuda à família enriquecida, que oferecem às crianças de meios desfavorecidos alguns dos estímulos cognitivos e emocionais e de promoção providos pelas famílias mais favorecidas.

Um aviso é importante, para evitar mal-entendido. Os autores NÃO pretendem diminuir o papel da escola e das políticas educacionais, *stricto sensu*. Eles pretendem sublinhar o que é necessário para que elas desempenhem bem esse importante papel:

É importante sublinhar o que não estamos dizendo. Nós não presumimos que todas as habilidades e motivações são formadas nos primeiros anos, nem que as escolas e as empresas não são importantes para criar pessoas eficazes. Também não reivindicamos que os primeiros anos são o único determinante do sucesso posterior, ou que as pessoas que são criadas em famílias desfavorecidas devem ser absolvidas de qualquer culpa quando incorrem no crime. Nós simplesmente estamos argumentando que os ambientes iniciais desempenham um grande papel na moldagem de resultados posteriores e que sua importância é negligenciada na política atual.

PARTE IV
O *COMMUNITY COLLEGE*
E A ALTERNATIVA AO BACHARELADO

10
A EDUCAÇÃO DOS ELEITOS E O QUE RESTA PARA O RESTO – DILEMAS NÃO APENAS NORTE-AMERICANOS

Os Estados Unidos possuem um ensino superior admirado, imitado e invejado (procurei descrevê-lo com algum detalhe em meu de 2015). Nos últimos vinte anos, porém, a liderança acadêmica daquele país vem sendo disputada pelos competidores europeus e asiáticos. Os norte-americanos ainda ocupam o primeiro lugar no pódio, mas já não estão sozinhos nas primeiras fileiras.

Tenho tratado desses desafios e impasses em outros textos. Neste capítulo, vou mencionar apenas um deles, a dificuldade de passar da extraordinária massificação do acesso para a melhora nos resultados, ou seja, no terreno que se pode chamar de "sucesso".

Antes, porém, para contextualizar essa questão, convém reconstituir alguns momentos na espetacular trajetória desse sistema educativo. Alguns momentos marcantes da educação norte-americana mostram como ela antecipou o que outros países só fariam décadas depois. A saga iniciou com o chamado Common School Movement dos anos 1840 e 1850 – levando à universalização da escola elementar, já no final do século XIX. Depois, houve o movimento em prol da High School "compreensiva", 1910 a 1940, levando a uma quase universalização da educação secundária.

Enfim, a massificação do ensino superior, marcada por dois grandes eventos, duas intervenções decisivas do governo federal. Primeiro, a lei de doação de terras do século XIX – com a criação dos Land-Grant Colleges e Land-Grant Universities (1862, reeditado em 1890). Depois, o G.I. Bill (1945), nome pelo qual é conhecido o plano que visava reincorporar os desmobilizados da guerra. Os formuladores esperavam a adesão de 200 mil ou 300 mil "veteranos" na rubrica ensino superior. Mas foram mais de 2 milhões. No final dos anos 1940, o sistema de ensino superior tinha dobrado de tamanho e mudado sua característica, já era majoritariamente formado por escolas públicas (*colleges* e universidades). Em 1949, metade dos estudantes do ensino superior eram bolsistas do G. I. Bill!

Para concluir a massificação, nos anos 1960 vieram os programas de Lyndon B. Johnson (A Grande Sociedade), que ajudaram a expandir terrivelmente os *community colleges*, o ensino superior de curta duração (*two-year colleges*). Essas instituições peculiares incorporaram enormes contingentes de minorias étnicas, principalmente negros e latinos.

O movimento dos impressionantes números pode ser visualizado no gráfico abaixo, adaptado de ensaio de Martin Trow (2010).

Gráfico 1 – Matrículas no ensino médio e superior, EUA, 1870-1980

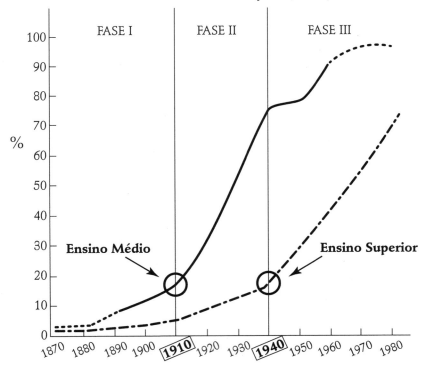

Essa expansão era parte de uma escalada de otimismo, de crescimento da opulência e de relativa redução de desigualdades, sobretudo no período 1945-1970, um período róseo para o chamado *American Dream*, a expectativa, real ou ilusória, de que havia um caminho aberto ao sucesso para todos os que nasciam ou cresciam na "América". Uma parte do *American Dream* era a obtenção do diploma de ensino superior e da conquista de emprego correspondente a esse diploma, com bons salários e prestígio social. *College for All* (CA) não era apenas um caminho, era, aparentemente, o "caminho único". A *high school*, a escola média compreensiva, deixava de ser o ticket de entrada no mundo do sucesso.

Outros caminhos para o sucesso?

Salvo engano, foi James Rosenbaum que primeiro utilizou esse termo, em 2001, com o livro *Beyond College for All: Career Paths for the Forgotten Half*. O título já mostrava uma tendência nova: a ideia de que havia alternativas a esse caminho e que elas deveriam ser seriamente consideradas.

É contudo razoável lembrar que a febre do *College for All* já fora alvo de críticas anteriormente. Essa ideia-força (que foi crescendo depois da Segunda Guerra Mundial) teve altos e baixos depois do final dos anos 1960 – junto com as oscilações do conjunto do sonho. Nos anos 1970, a demanda pelos bacharelados arrefeceu e declinou seu diferencial de salários, isto é, os que ganhavam a mais, comparados com os trabalhadores detentores de certificados de ensino médio, apenas.

Nessa conjuntura, começou a vicejar uma literatura crítica ao *College for All*. Alguns mencionavam a "sobre-educação" dos norte-americanos; outros, a ilusão ou má relação custo/benefício do bacharelado. Alguns altos e baixos atingiram o CA, em suma. Mas no começo do novo milênio a crítica voltou a crescer, agora mais robustecida pela sugestão de alternativas mais claras, tais como aquelas sugeridas nos livros *Other Ways to Win: Creating Alternatives for High School Graduates* (2006), de Kenneth Carter Gray e Edwin L. Herr; e *Redefining the Goal: The True Path to Career Readiness in the 21st Century* (2016), de Kevin Fleming.

Vamos analisar, a seguir, uma das ideias centrais do diagnóstico traçado no livro de Gray e Herr.

Os dados apresentados são oficiais (Departamento de Educação dos EUA). Cada quadrícula representa 5% das crianças e adolescentes (escolares). Apenas 10% deles podem ser considerados "vencedores" se o padrão for este: tirar um diploma de bacharelado (qualquer) e obter um bom emprego no campo desse diploma. O resto é feito de "perdedores". Bom, o problema é o tempo e o dinheiro que se perdeu para produzir tantos perdedores. Sem contar o gasto em autoestima. Ou seja, na opinião dos críticos, é preciso ter uma política melhor para esses 90%, não apenas despejar nas suas cabeças que é este o caminho. Se ficarmos na ilusão do "universidade para todos", dizem eles, estamos levando em conta e estimulando corretamente apenas os 10% que "vencem".

O diagnóstico desemboca em uma receita: a difusão de "outros caminhos para vencer". Basicamente, esses outros caminhos são a escolha de educação técnica pós-secundária, aquela que, por exemplo, oferecem os *community colleges* em seus programas vocacionais. Dada a debilidade dos programas norte-americanos de formação de força de trabalho – comparados, por exemplo, com seus competidores europeus –, a proposta tem encontrado razoável repercussão entre empresários e analistas de políticas educacionais. Contudo, é bem menos acolhida entre estudantes e suas famílias, que ainda sonham com o *college* e o emprego bem pago e "na carreira".

A recusa dos *other ways* é ainda reforçada pelo fato de que, em geral, o ensino superior "alternativo" é, com muita frequência, aquele que pensamos "para os filhos dos outros". Na sociedade norte-americana, diferentemente da alemã ou da sueca, por exemplo, é enorme a distância entre o trabalhador *blue-collar*, mesmo altamente qualificado, e os engenheiros e executivos. Tanto no que diz respeito ao salário quanto ao prestígio. Assim, a promessa do *College for All* segue sendo ouvida, ainda que manifestamente condenada ao fracasso. Haverá modo de ser diferente? Esse é um problema exclusiva ou tipicamente norte-americano? Bom, não esperem deste texto resposta a tais questões. Enunciá-las já nos parece relevante, por enquanto.

11
EUA e Alemanha:
DOIS MODELOS DE EDUCAÇÃO

Em 1959, James Conant, o renomado reitor de Harvard, publicou seu famoso estudo sobre o ensino médio norte-americano: *The American High School Today – A First Report to Interested Citizens.* Nesse instigante livrinho, Conant sublinha que um em cada três norte-americanos chegam ao ensino superior, taxa bem mais alta do que a europeia. Contudo, Conant estava longe de ser um provinciano. Conhecia a Alemanha, fora embaixador naquele país, nos anos 1950. Por isso, logo em seguida faz uma ressalva importante:

> Mas a grande maioria dos norte-americanos não é estudante universitário no sentido europeu do termo – ou seja, estudantes que se preparam para uma profissão. Na verdade, a percentagem de jovens que se preparam para serem médicos, advogados, engenheiros, cientistas, estudiosos e professores de disciplinas acadêmicas é quase a mesma neste país como na Europa – uma porcentagem surpreendentemente pequena, aliás – algo como 6% de um grupo etário. (Conant, 1959)

De fato, Conant estava indiretamente revelando que, nesses dois países, suas camadas superiores adotavam modos diferentes de defender seus nichos de prestígio e poder. Modos diferentes, com resultado final bastante similar no que diz respeito à seletividade.

Conant prefere o modo norte-americano. Na Alemanha, diz ele, os estudantes são classificados de modo demasiado precoce – já perto dos doze anos são distribuídos em segmentos separados: o acadêmico e o vocacional. Isto ocorreria desde a escola elementar e média – e como direta decorrência das heranças familiares. Desse modo, o sistema desperdiçava talentos, porque a seleção refletia critérios não meritocráticos, mas estamentais. Alguns críticos de Conant dizem que o sistema norte-americano desperdiça de outro modo – com a evasão. E cria mais baixa autoestima, subvalorizando as ocupações não "superiores".

De qualquer modo, Conant argumenta que a escola média "compreensiva", uma invenção tipicamente norte-americana, não incorria no vício da seleção precoce. Garimpava melhor, digamos. No prefácio desse livro, John Gardner, presidente da Carnegie Corporation de New York, patrocinadora da obra, procurava explicar esse traço peculiar dos norte-americanos:

> A escola média compreensiva é um fenômeno dos Estados Unidos. Chama-se compreensiva porque oferece, sob uma única administração e sob o mesmo teto, ensino secundário para quase todos os jovens de uma cidade ou bairro. Ela é responsável por educar o garoto que será um cientista atômico e a garota que quer casar aos dezoito anos; o futuro capitão de um navio e o futuro capitão de indústria. É responsável por educar os brilhantes e as crianças não tão brilhantes, com diferentes ambições vocacionais e profissionais e com diversas motivações. É responsável, em suma, pela prestação de boa e adequada educação, acadêmica e profissional, para todos os jovens dentro de um ambiente e princípios democráticos que o povo norte-americano preza. (Conant, 1959, p.IX-X)

Conant minimiza a forte e clara diferenciação da *high school* norte-americana – em que muitos são chamados e poucos são escolhidos. É curioso que, em outra parte do livro, o autor menciona o componente que é decisivo para produzir tal efeito, mas não vincula as duas coisas. Esse componente é a desigualdade no financiamento das escolas. O financiamento é predominantemente local, refletindo, assim, bem de perto, a renda média do distrito. Como são poucos os corretivos, através de alocações estaduais e da união, mesmo as escolas públicas são fortemente desiguais. Basta olhar para uma escola rente ao Central Park, na Rua 66 de Manhattan, e compará-la com uma escola do South Bronx, a quinze minutos de metrô e a uma enorme diferença na renda média anual (razão de um para dez!). Na mesma cidade, oito ou nove estações de metrô são quase uma fronteira de classe.[1]

---

1 Comento essa "geografia da desigualdade" em "Distâncias sociais – a desigualdade distribuída ao longo dos trilhos do metrô" (Moraes, 2018).

Ensino superior e formação para o trabalho

Em algum momento, a pressão pela democratização do acesso ao ensino superior – ele próprio visto como porta de acesso à democratização de outros benefícios – choca-se com as possibilidades de inclusão do sistema. Em alguns países, a seleção é forte nos andares iniciais da escola. Porém, quando e onde esta seleção precoce se fragiliza, parece restar uma solução que mantém a desigualdade, a hierarquia: a diferenciação no nível superior, em que se constrói a educação dos 5% dos "de cima" e a educação superior "para os filhos dos outros". Alguns países fazem a filtragem em um momento, a educação elementar e secundária – é o caso da Alemanha. Outros a fazem no superior, com a hierarquização, criação de um ensino superior "tipo B" – é o caso da França e dos Estados Unidos.

O mesmo parece ocorrer com relação à formação profissional, mais estritamente, para a formação das profissões "médias". A Alemanha as concentra no ensino médio e vocacional. EUA e França remetem esse problema para escolas superiores de "segunda linha", construídas a partir das escolas secundárias – os *junior colleges* norte-americanos (depois *community colleges*) nascem praticamente dentro das *high school*, no começo do século XX, aproveitando suas instalações, seus professores, seus estudantes. Na França, as STS (*Sections de Technicien Supérieur*) fazem algo similar, escolhendo, em cada região, os liceus capazes de sustentar esse "segundo andar", profissionalizante.

O caso norte-americano é particularmente interessante pela sua aparente promessa de "igualdade". A escola média "compreensiva", que não discrimina, hierarquiza ou seleciona, é algo difícil, raro. É quase uma ideia reguladora, como o estado de natureza rousseuaniano – aquele que certamente não existe, talvez nunca tenha existido e provavelmente nunca existirá. É volátil, como certos elementos químicos que sobrevivem apenas em condições especiais de laboratório. Mesmo quando instituída e solidamente instalada no ideário de uma sociedade, como a norte-americana, a escola média "compreensiva" logo é empurrada para uma diferenciação de fato. Um dos resultados do processo histórico de acomodação é a emergência de um setor de escolas médias privadas de elite. Um outro efeito (talvez complementar ao primeiro) é uma diferenciação no interior mesmo do sistema público, com escolas de distritos ricos e escolas de distritos pobres. Essa segmentação é mais fácil quando financiamento e gestão são assim descentralizados e as políticas de uniformização ou nivelamento são débeis e têm pouco eco social.

Mas, nos Estados Unidos, o lado mais forte da desigualdade de acesso se transfere para *dentro* do sistema de educação superior – pela estratificação das instituições e cursos, estratificação que se estabelece, sobretudo,

103

a partir da renda, isto é, pelo modo como o gasto em educação é efetivamente distribuído. E esse gasto deve ser entendido em dois sentidos. Um deles é o gasto público – financiamento desigual das escolas e cursos, subsídio direto ou indireto às escolas. O outro é o gasto privado, basicamente, a renda das famílias para pagar escolas desiguais.

Sessenta anos depois, o ensaio de Conant continua válido: os caminhos podem ser diferentes (e são), mas os resultados, nem tanto. Países que ensaiam reformar seu sistema ganhariam muito estudando as vantagens e desvantagens de cada caso, bem como as raízes que os ligam às peculiaridades de seus sistemas sociais.

12
Todos pela educação, mas nem todos do mesmo modo

Se queremos escolher uma encarnação recente e efervescente do evangelho pedagógico, uma das melhores escolhas seria o secretário de Educação de Obama, Arne Duncan. Em 2009, diante do terremoto provocado pela crise financeira, ele declarou, com a solenidade dos profetas do que já é consumado: "O fato é que estamos não apenas em uma crise econômica; estamos em uma crise educacional" (Ramírez; Clark, 2009). No ano seguinte, repetiu a arenga, num longo discurso para a Unesco: "A educação é ainda a chave para eliminar desigualdades de gênero, reduzir a pobreza, criar um planeta sustentável e promover a paz. E numa economia do conhecimento, a educação é a nova moeda através da qual as nações sustentam a competitividade econômica e a prosperidade global" (U.S. Department of Education, 2010).

Ah, a economia do conhecimento! Ah, a educação como canivete suíço! Ah, a educação como exercício diversionista sempre à mão! Tantas vezes se repete a história que ainda vira história.

Sim, ela é antiga. Se quisermos apanhar apenas o que se pode chamar de tradição recente, vamos lá para 1964, quando Gary Becker publicava seu livro *Human Capital* e sustentava que o crescimento econômico passava a depender de conhecimento, informação, ideias, habilidades mentais da força de trabalho. Educação é investimento nesse capital humano. Mais tarde, buscaria escantear um termo incômodo, que cheirava mal: "Uma economia como a dos Estados Unidos é chamada de economia capitalista, mas o termo mais acurado seria economia de capital humano ou de capital cognitivo". Para os que desejarem conferir (ou se espantar), as referências às reflexões de Becker encontram-se nas Referências Bibliográficas.

A fábula da *knowledge economy* faria carreira em certo meio acadêmico bem-intencionado, mas todo preocupado com a sensibilidade dos capitais. Daniel Bell faria quase um retrato ficcional desse admirável mundo novo, pós-industrial. A crer em sua elegia, os Estados Unidos deixariam de ser a fábrica do mundo, aquela coisa fumacenta e monótona, para virar um grande viveiro de engenheiros, cientistas, artistas. Em suma, um jardim de criadores de ideias, dizia em seu famoso *The Coming of the Postindustrial Society*, de 1973. O famoso guru da administração, Peter Drucker, ia no mesmo rumo (em seu livro de 1993, *Postcapitalist Society*), asseverando, até, que a riqueza e o poder estavam migrando dos proprietários e gerentes para os *knowledge workers*. O secretário de Trabalho de Bill Clinton, Robert Reich, na mesma década, garantia que a desigualdade entre as nações (e das pessoas dentro delas) resultava de diferenças nesse acervo – conhecimento e habilidades. O "investimento em educação" era a chave para reduzir esse fosso, dizia em seu best-seller *The Work of Nations: A Blueprint for the Future*, de 1991.

Isso era o que vertia do lado dos economistas e gurus da futurologia. E os partidos e candidatos? Uma convergência básica. As plataformas dos dois partidos norte-americanos compartilham o mesmo tipo elementar de abordagem. Cada um dos presidentes quer aparecer como o "general da educação".

Bush (pai) proclama o mandamento do *"No child left behind"* e acelera a paranoia dos testes padronizados, avaliação dos professores e arrocho pela produtividade. E a escalada tem apoio de pedagogos de prestígio, como Diane Ravitch, que, anos mais tarde, faria uma pesada autocrítica e se tornaria a inimiga mais dura e consistente do "testismo".

Se isso ocorria com os republicanos, os democratas não ficariam atrás. A agenda eleitoral do partido incluiria uma seção prometendo nada menos do que uma "educação de padrão internacional para todas as crianças".

Para não dizer que cabulou essa aula, Obama, no seu famoso livro-programa *The Audacity of Hope: Thoughts on Reclaiming the American Dream*, repete o tema e insiste na educação milagrosa, porta de escape para os problemas dos indivíduos e do país: "em uma economia baseada no conhecimento, onde oito em cada nove ocupações que mais crescem nesta década requerem habilidades científicas ou tecnológicas, a maior parte dos trabalhadores precisa de alguma forma de educação superior para preencher os empregos do futuro".

Ao que parece, para todos eles, é irrelevante que tais "dados" sejam "ajeitados" e reflitam distorções analíticas bem dirigidas. Analistas mais céticos e menos entusiasmados com o evangelho pedagógico mostram o quanto tais expectativas refletem mais um desejo ou fantasia do que o andar efetivo da carruagem econômica norte-americana. De fato, é o que dizem os estudos com mais base empírica: o número de empregos para *operar* instrumentos de alta tecnologia vai ser maior do que os empregos que requerem profissionais como cientistas e engenheiros, educados em universidades.

Mas a que se deve tal resiliência do evangelho pedagógico, da educação como panaceia, indefectível e inarredável? E quais os instrumentos que fazem esse discurso tão penetrante, tão persuasivo?

Para ter pistas que respondam a essa pergunta, talvez ajude lembrar como a educação tem sido "promovida" no discurso público norte-americano. Exemplos não faltam, vamos a um deles.

No final dos anos 1950, como sabemos, os soviéticos mandaram satélites para o espaço – o choque inicial veio com a cadelinha Laika, depois, com o famoso Iuri Gagarin, primeiro homem a viajar pelo espaço sideral. Choque e ranger de dentes na terra de Tio Sam. Sentimento de derrota e vergonha. O que diziam, então, os líderes políticos dos Estados Unidos? Que isso refletia a decadência das escolas norte-americanas. Choviam estudos e propostas de reforma, com o usual apelo para que a grade de matemática e ciência fosse ampliada. Rigor, padrões, muita ciência, mais álgebra, mais testes. Sai do forno uma nova lei de educação e ela é sintomaticamente denominada *National Defense Education Act*. A educação é a guerra por outros meios, parece ser a nova paráfrase de Von Clausewitz.

Mas o problema reside nas escolas elementares e médias? É nelas que temos que bater? São elas que temos que reformar, com urgência? Ora, se assim é, a falha na produção de cérebros, para redundar no fiasco do Sputnik, deveria ter ocorrido em 1920 ou 1930, quando estavam nessas escolas os prováveis cientistas e engenheiros dos anos 1950. Por que então chicotear as escolas e professores de 1960? Não importa, o argumento pegou. Como pegaria em outras situações, com outros termos. Sempre a educação na mira – como promessa de futuro ou como culpada do atraso. É por isso que vale relembrar o comentário de Larry Cuban e David Tyak:

> Por que soluções para problemas econômicos mais amplos são com frequência apresentadas como reformas da escola? [...] Por que de fato os formuladores de política, federais e estaduais, repetidamente apelam às escolas para ajudar a resolver os problemas econômicos nacionais? [...] Será preciso dizer que parece mais

fácil consertar as escolas do que a economia? [...] Também é mais fácil apontar o dedo para o despreparo dos jovens como o problema a ser resolvido do que culpar executivos por decisões míopes ou apontar as mudanças em uma economia impulsionada pelas forças de mercado que são mal compreendidas. (Cuban; Tyak, 1995)

Assim caminha a humanidade, com passos de formiga e sem vontade. O roqueiro Lulu Santos sabia o que dizia.

13
VÍCIOS E VIRTUDES DA EDUCAÇÃO COMO PANACEIA

Arthur Cohen, Carrie Kisker e Florence Brawer (2013) assinaram no *The Chronicle of Higher Education* um artigo que interessa a leitores brasileiros. Como não posso violar *copyright* e reproduzi-lo aqui, vou me limitar a uma paráfrase interessada, isto é, uma reconstrução seletiva, rápida e limitada. Mas acho que é suficiente para chamar a atenção para alguns problemas que compartilhamos com os assim denominados irmãos do Norte.

Antes, um aviso sobre os autores. Em parceria com Kisker, Cohen publicou *The Shaping of American Higher Education: Emergence and Growth of the Contemporary System* (2009). E com Florence Brawer, o *The American Community College* (2013), livros imperdíveis para quem quer estudar a educação superior norte-americana.

O artigo é provocação desde o título e confronta toda uma mitologia, muitas vezes bem-intencionada, mas que resulta frequentemente em desastres. Refiro-me àquilo que Norton Grubb e Marvin Lazerson chamaram de "evangelho da educação". Coloca-se a educação num pedestal sagrado, dela fazendo a rainha de nossas esperanças, remédio de todos os males. O que não se espera (quem sabe?) é que, uma vez desconfirmado o prognóstico, a educação e os educadores passem a ser tratados como vilões e não mais como heróis. A famosa "faca de dois legumes", o "bumerangue previsível". "The Economy Does Not Depend on Higher Education" – diz o forte título de Cohen e seus colegas.

Eles começam por recuperar um conjunto de dados sobre a situação de mais da metade dos adultos norte-americanos (maiores de 24 anos, especificamente): têm diploma de graduação mas trabalham em empregos que, de fato, não exigiriam o diploma que possuem. *Overeducated*, segundo a expressão de alguns estudiosos.

Ainda assim, perguntam e provocam: por que analistas e políticos norte-americanos repetem com frequência a ideia de que a estagnação econômica, principalmente depois da crise de 2008, se deve à escassez de pessoas adequadamente educadas? Os autores se referem à usual teoria do *skills gap* – o descompasso entre empregos supostamente existentes e trabalhadores supostamente despreparados para esses supostos empregos.

Outro dado relevante é apontado: a grande maioria dos empregos norte-americanos que foram "expelidos" para o exterior, com a deslocalização de plantas fabris, é preenchida por pessoas menos educadas do que os norte-americanos que substituem. Os autores poderiam ainda lembrar a propalada falta de formados em áreas ditas técnicas – ou STEM (Science, Technology, Engineering and Mathematics). Na verdade, diplomam-se anualmente nessas áreas muito mais especialistas do que os empregos oferecidos. Um grande número de estudos tem sido publicado com esse aviso, nas revistas acadêmicas e também em *magazines* dirigidas a público amplo.

Mas, ainda assim, porque aquelas "verdades aparentes" se repetem com insistência, reiterando mil vezes o tal *skills gap* ou *skills mismatch*? Simples equívoco? Algumas pistas são adiantadas pelos autores:

> Argumentar que se pode resolver os problemas de competitividade internacional aumentando os anos de escolaridade desvia a atenção dos dirigentes de empresas que originalmente exportaram os empregos, que pressionaram incessantemente para fugir de impostos sobre os lucros daí derivados, que converteram empregos de tempo integral em tempo parcial, para evitar o pagamento de benefícios e que não investiram significativamente na formação dos trabalhadores que restaram. (Cohen; Kisker; Brawer, 2013)

Esses são os interesses e práticas que, casualmente, são ocultados ou deixados em segundo plano pela ênfase no *skills gap* e no evangelho da educação. Mas há mais:

> A escassez de programas de aprendizagem e de treinamento corporativo cria nichos de negócio potenciais para instituições pós-secundárias – *community colleges* e empresas com fins lucrativos, especialmente – para proporcionar cursos de atualização. (Ibid.,2013)

Mas, afinal, não é verdade que cada vez mais precisamos de gente com formação superior? Não é verdade que os empregos criados serão, cada vez mais, dessa natureza? Os autores recomendam alguma prudência e moderação no uso dos dados, para não exagerar na conta. Lembram, por exemplo, o contraste entre o Current Population Survey, levantamento feito pelo Census Bureau norte-americano, e aquele registrado pelo escritório de estatísticas do Departamento do Trabalho. O primeiro diz que 60% de todos os empregos são "pós-secundários", mas o segundo diz que o percentual é de 31%. Diferença nada desprezível, algo deve explicar. E eles explicam: o levantamento do Censo registra a escolaridade atingida pelos atuais empregados, enquanto o Departamento do Trabalho reflete o nível de educação exigido para o ingresso e exercício da ocupação. E as duas coisas podem ser (e são) muito diferentes. Vários estudos têm demonstrado a enorme quantidade de *gray-collars*, isto é, de trabalhadores diplomados realizando trabalhos que não necessitam do uso de nenhum conhecimento produzido pela graduação que fizeram (ou alguma graduação que seja). A discrepância dos dois critérios pode resultar em realidades curiosas: um *barista* (especialista em preparar e servir cafés expressos), se tiver diploma de graduação, pode ser classificado como "pós-secundário". Coisas parecidas podem acontecer com representantes de vendas, funcionários de escritório, operadores de caixas, funcionários de restaurantes e assim por diante.

Então devemos renunciar à expansão da oferta de educação (e de educação superior, em especial)? Não necessariamente, a não ser que tenhamos em mente apenas esse critério e justificativa. A educação não equipa as pessoas apenas para operar *no* mundo, mas, quem sabe, para operar *o* mundo. É o que sugerem:

> Certamente a educação superior é desejável. A comunidade ganha pessoas mais generosas, mais dispostas a votar e participar em assuntos cívicos e menos propensas a depender de assistência governamental ou a se envolver em comportamento antissocial. O indivíduo aprende a raciocinar cientificamente e a pensar criticamente e adquire um senso de perspectiva histórica, um apreço pela estética e pela diversidade cultural, e ganha acesso à formação para as profissões que exigem credenciais. (Ibid., 2013)

O que não cabe fazer, dizem eles, é jogar a culpa de uma recessão econômica ou o declínio da "competitividade" na escassez de trabalhadores bem formados. Melhor examinar as razões do estrago sem esse bode expiatório, demasiado óbvio.

Para concluir, uma pequena maldade dos autores, lembrando a fanfarra de alguns estudiosos que exageram a ideia de que os novos empregos exigirão montanhas de diplomados. Eles lembram que os "achados" de um desses estudos foram transformados em clichê de mídia. Curiosamente, o patrocinador do estudo era um grupo local (filantrópico) que promovia sua cadeia de escolas preparatórias.

14
Other Ways to Win – alternativas ao *College for All* como crença compartilhada e como política pública

> Sem dúvida, os Estados Unidos fazem um excelente trabalho competindo com o resto do mundo pelos estudantes mais dotados. O que não estamos fazendo bem é cultivar tais estudantes em nosso próprio país.
>
> David Autor

Depois da Segunda Guerra Mundial, a sentença *College for All* parecia quase um mandamento da sociedade norte-americana. A sua pedra de toque era a crença de que um diploma de bacharelado (seja lá em qual área) seria um passaporte para uma renda anual bem mais alta do que os diplomados da *high school*. Mais ainda: seria quase uma garantia do "sonho americano", uma carreira, um emprego estável "para a vida inteira", plano de saúde e de aposentadoria, hipoteca razoável para comprar casa própria, carro na garagem.

Durante bom tempo (a era dourada dos 25 Gloriosos do Pós-Guerra), essa crença parecia bem firmada nos fatos. O país crescia, empregos se multiplicavam, erguia-se o peculiar *welfare state* norte-americano, fundado em contratos de trabalho, expandia-se o crédito para compra de casas e carros. As primeiras nuvens no cenário econômico apareciam no final dos anos 1960 e se tornariam dramáticas a seguir, na *pivotal decade* (que já comentamos em notas anteriores).[1]

---

1 As narrativas com esse tempo – meu mundo caiu! – multiplicaram-se. Floresceu enorme literatura sobre o desmanche da era dourada e a emergência de novos pobres, trabalhadores

Ressalvas à afirmação do *college* como sinal de sucesso ou como caminho para o sucesso eram ocasionais na sociedade norte-americana. Quando do lançamento da lei de doação de terras para criação de escolas superiores (*Land Grant*), por exemplo, houve aqueles que atacaram o programa dizendo que não precisavam de "fazendeiros elegantes".

Mas o *college* não era, naquela ocasião, o passaporte ou credencial de sucesso que foi depois da Segunda Guerra Mundial.

Por muito tempo, o empurrão para o *college* era motivado pela exibição de estatísticas e gráficos vibrantes que mostravam a evidente vantagem dos bacharéis – o já mencionado diferencial de renda dos que tinham esse título, quando comparados com aqueles que apenas tinham a conclusão do ensino médio (*high school*). Ora, nos anos 1970, essa distância parecia diminuir inapelavelmente. Isso se dava por uma série de fatores – como a redução do dinamismo econômico e a maturação dos novos ingressantes, os diplomados da geração do Pós-Guerra (*Baby Boomers*) que, em certa medida, inchavam a oferta. Talvez já se pudesse dizer, na ocasião, que eram efeitos temporários, mas o temporário também tem seus efeitos. O certo é que naquela década foram produzidos alguns estudos que apontavam para o *overeducated american* (Freeman, 1976). Outros minimizavam a importância, para o indivíduo, de cursar uma faculdade (Bird, 1975).

O livro de Caroline Bird ecoou, teve resenhas em dezenas e dezenas de revistas, notas em dúzias de jornais nacionais e locais. Vale a pena reproduzir algumas passagens de um explosivo e muito citado artigo que Bird escreveu, para sintetizar e reforçar o argumento do livro:

> Minha conclusão incômoda é que os alunos estão tristes porque não são necessários. Em algum lugar entre o berçário e o escritório de seleção para emprego, tornam-se adultos indesejados. Não há nada em especial contra eles. Mas ninguém sabe o que fazer com eles também. Já temos muitas pessoas no mundo da década de 1970, e não há espaço para tantos recém-chegados aos dezoito anos. Então, temporariamente, deixem-nos fora do caminho, enviando-os para a faculdade, que é de fato um lugar a que poucos pertencem.
>
> [...]
>
> Na verdade, não há nenhuma evidência real de que a renda mais alta dos que têm diploma superior é devida ao grau de educação. A faculdade pode simplesmente

---

deslocados e assim por diante. Muitas delas repetiam frases como: "In the 1970s, more than 60 percent of Americans had a company pension, but by 2006, fewer than 13 percent could rely on a company pension as their primary retirement plan. This erosion of retirement income and health-care benefits has also become a characteristic of a growing proportion of those in middle-class occupations" (Brown; Lauder; Ashton, 2011).

Ensino superior e formação para o trabalho

atrair pessoas que de qualquer modo seriam inclinadas a ganhar mais dinheiro de qualquer maneira (aqueles com QI mais alto, melhor suporte familiar, um temperamento mais empreendedor). Ninguém que tenha lidado com o problema pode atribuir todos os rendimentos mais elevados ao impacto da faculdade em si.

[...]

A faculdade, então, pode ser um bom lugar para aqueles poucos jovens que realmente são vocacionados para trabalho acadêmico, que gostam mais de ler do que comer, mas é algo que se tornou muito caro, em dinheiro, tempo e esforço intelectual para servir como um caminho a explorar para um grande número de nossos jovens. Devemos possibilitar que esses alunos relutantes, infelizes, encontrem maneiras alternativas de crescer, com preparação mais realista para o futuro. (Bird, 1975b)

Essa onda crítica (a negação do *College for All*) reduziu-se nas décadas seguintes, mas voltou a crescer no novo milênio. Agora, com outros enfoques ou novos argumentos, reforçando a onda anterior. Praticamente inaugurando essa fase, Linda Lee, redatora do *The New York Times*, retomava a cruzada com um flamejante libelo: *Success Without College: Why Your Child May Not Have to Go to College Right Now – and May Not Have to Go at All* (2001). Quinze anos depois, um velho *muckracker*, Charles J. Sykes, voltava ao seu tema predileto, o ataque ao sistema de educação superior: *Fail U.: The False Promise of Higher Education* (2016). Nesse intervalo, vários autores se revezaram no assalto, e alguns deles foram além, introduzindo com mais firmeza as propostas de alternativas ao *college*. De certo modo culminando com essa onda, em 2017, a nova secretária de Educação, no governo Trump, inicia uma cruzada nessa direção (várias matérias na *Education Week* registram essa ofensiva).

Como dissemos, nos anos 1970, Caroline Bird batia os tambores da campanha com um livro intitulado *Case Against College*. Trinta anos depois, outra autora, Rosalie Stafford, repetia o título[2] e, em boa medida, os argumentos. Vale a pena reproduzir algumas passagens:

No verão de 2012, o Bureau of Labor Statistics publicou dados mostrando que (1): 30% dos graduados de nível superior têm hoje empregos que não exigem um diploma universitário; e que (2): 53% dos graduados recentes estão desempregados ou subempregados.

[...]

No verão de 2012, uma fábrica da Hyundai, em Montgomery, Alabama, anunciou 877 vagas em duas categorias: montagem de linha de produção, com

---

2 *The Case against College: Why Everything You Have Been Taught about College is Wrong* (2012).

Reginaldo C. Moraes

pagamento de 16 dólares por hora, e postos de manutenção a 22 dólares por hora. Mais de 22 mil pessoas se inscreveram para 877 vagas de emprego. De 22 mil desses desesperados buscando emprego, mais de sete mil tinham diploma superior. Muito provavelmente, uma grande percentagem desses sete mil desempregados desesperados são escravos da dívida, atormentados por enormes prestações mensais de débito estudantil.

[...]

Na América de 2012, existem 323 mil garçons e garçonetes com diplomas de faculdade, 115 mil zeladores com nível superior, 83 mil empregados com esse nível, e 80 mil motoristas de caminhões pesados com a mesma graduação. (Stafford, 2012)

Peter Capelli, em livro de 2015, vai na mesma direção e desde o título já pergunta: "Will College Pay Off?". Capelli contesta o famoso *skills shortage*, notadamente a ideia, amplamente difundida, de uma falta de graduados em áreas técnicas e duras (STEM). Na verdade, diz ele, as pesquisas todas mostram que há mais graduados do que empregos nessas áreas. É um problema de demanda, não de oferta de especializados.

Por outro lado, amplia-se o campo para os diplomas de curta duração, os *advanced degrees*, por uma razão também pouco explorada, denotadora de uma falha grave no sistema educativo: "Uma das razões pelas quais os programas de *Associatte Degree* (curso superior de curta duração) estão crescendo é porque os Estados Unidos têm amputado substancialmente o ensino profissional na escola média" (Capelli, 2015).

Em suma, os EUA estão procurando resolver, no nível superior, um problema que deixaram pendente no ensino médio (ao contrário de países como Alemanha). Mais ainda do que os *advanced degrees*, há um fenômeno que releva com mais força esse desarranjo: é o crescimento ainda maior dos *certificate*, os documentos comprobatórios de cursos de duração ainda mais curta e mais fortemente focados em treinamento de habilidades. Vale reproduzir a tabela que fornece Capelli:

Postsecondary Degrees Awarded, 1970-1971 to 2010-2011, Selected Years

Year	Certificates	Associate Degrees	Bachelor's Degrees	Master's Degrees	Doctoral Degrees
1970-1971	–	252,311	839,730	235,564	64,998
1980-1981	–	416,377	935,140	302,637	98,016
1990-1991	–	481,720	1,094,538	342,863	105,547
2000-2001	552,503	578,865	1,244,171	473,502	119,585

Ensino superior e formação para o trabalho

Year	Certificates	Associate Degrees	Bachelor's Degrees	Master's Degrees	Doctoral Degrees
2005-2006	715,401	713,066	1,485,242	599,731	138,056
2010-2011	1,029,557	942,327	1,715,913	730,635	163,765

Source: College Boad, *How College Shapes Lives* 2013.

O esgotamento do *College for All*, a queda nas dotações dos estados para as escolas superiores, a dificuldade cada vez maior (para as famílias) de enfrentar a brutal elevação das anuidades e taxas, tudo isso levou água para outro moinho. Começam a crescer as vozes que não apenas contestam esse "caminho único para o sonho americano". Elas passam a insistir nas vias alternativas, *other ways to win*. Selecionei quatro publicações desse teor para exemplificar o argumento: (Campbell, 2014); (Fleming, 2016); (Gray; Herr, 2006); (Newman; Winston, 2016).

O livro de Gray e Herr, mais antigo nesta seleção, começa por dizer que uma mensagem-padrão, vigorante na sociedade norte-americana, é não apenas falsa mas destrutiva para muitos jovens. A mensagem é: "a melhor esperança de segurança econômica no futuro reside em obter um diploma em curso superior de quatro anos, o que garante um emprego bem pago em carreiras profissionais". O livro empenha-se em mostrar que existem *other ways to win*.

Eles admitem que há uma distância favorável aos detentores do bacharelado – sem dúvida, eles ganham mais do que um jovem que apenas concluiu a *high school*. Mas apontam para alguns mitos do mercado de trabalho que contextualizam essa percepção e relativizam seu "ensinamento":

1. no futuro, a maioria dos empregos vai exigir um diploma superior de quatro anos;

2. no futuro, a maioria dos novos empregos será criada em áreas técnicas que requerem um diploma de quatro anos;

3. no futuro, todas as profissões de salário alto vão exigir um diploma de quatro anos;

4. a demanda de força de trabalho total para os portadores de nível superior será suficiente para garantir o emprego adequado para todos que recebem um diploma de quatro anos.

5. no futuro, haverá tantas pessoas com diplomas de quatro anos que elas pegarão todos os bons empregos (inclusive aqueles que tecnicamente não precisam desse diploma). (Gray; Herr, 2006)

Os autores contestam a necessidade dessa "educação avançada" para o desempenho efetivo das atividades econômicas dominantes na sociedade:

Apesar de toda a retórica sobre a necessidade de formação contínua, os estudos do trabalho sugerem que a percentagem de todo o trabalho que requer um diploma de quatro anos é de apenas 12%, o que é apenas 1% maior do que era há quinze anos. [...] Na verdade, apenas 24% dos postos de trabalho nos Estados Unidos requerem educação além de um diploma de dois anos; 40% de todo o trabalho pode ser aprendido em apenas duas semanas no emprego. (Ibid., 2006)

No cômputo geral, a consequência de uma generalizada conquista de bacharelados não seria aquela que se afirma:

Se as projeções de mercado de trabalho forem precisas, mais e mais pessoas vão se formar numa faculdade, mas nunca encontrarão trabalho avaliado de acordo com seu diploma de quatro anos. Elas não ficarão desempregadas; muitas delas pegarão os melhores empregos que os graduados da escola média costumavam obter, mas esses empregos não vão pagar os salários que sequer comecem a justificar os custos do diploma, em termos de tempo e dinheiro. (Ibid., 2006)

Em *Reskilling America*, Katherine Newman e Hella Winston começam por lembrar aos estudiosos do *gap* um singelo dado da vida diária:

Higienistas dentais, gerentes de construção, oficiais de polícia, estagiários de escritórios de advocacia e eletricistas são todos obrigados a ter diplomas de *associate degree* (dois anos) ou certificados ocupacionais, mas não um diploma de quatro anos. (Newman; Winston, 2016)

E disso tiram uma consequência plana: "As universidades não são o chão firme para a maioria desses trabalhadores". Eles precisam de programas de curta duração, mais do que de bacharelados longos.

As autoras rebatem a crítica de seus opositores – aqueles que costumam dizer que os defensores de programas "mais modestos" estão de fato produzindo algo como um *cooling out*, enquadrando os pobres em aspirações menores: "Os críticos que concordam com esta perspectiva acreditam que este tipo de ensino iria conduzir os pobres a uma lagoa estagnada. Última notícia: eles já estão lá e têm estado lá desde a primeira infância" (ibid., 2016).

Newman e Winston também lembram (como Gray e Herr, entre outros) que em outros países essa transição da juventude para a idade adulta e para o mundo do trabalho é realizada *antes* do ensino superior:

programas vocacionais de colégios técnicos fornecem as habilidades fundamentais que os jovens precisam para encontrar seu caminho em empregos de nível médio de complexidade e que trabalhadores maduros procuram quando precisam de reciclagem para se preparar para uma mudança de carreira. No exterior, este papel é muitas vezes preenchido por escolas de ensino médio. (Ibid., 2016)

Para o caso norte-americano, a diferença que registram é outra: "Os empregos *blue-collar* pagavam bem, pelo menos durante o apogeu dos sindicatos industriais, mas não eram uma fonte de orgulho" (ibid., 2016).

Entre o trabalhador e o *manager*, nos Estados Unidos, não apenas a distância de renda (leque de rendimentos) é muito maior do que na Europa. Também o corte no prestígio social é significativo. O trabalho do escritório é mais "limpo", parece constituir uma mobilidade vertical, parece adquirir um adicional de autorrespeito.

Também na solução aventada por Newman e Winston, os *community colleges* adquirem papel central. Não apenas pela preparação ao trabalho: "Essas instituições desempenham um papel duplo no sistema americano de ensino superior: elas aumentam o acesso aos cursos de quatro anos, reduzindo o custo da educação para os dois primeiros anos" (ibid., 2016).

Contudo, boa parte da elite acadêmica, dizem as autoras, encarava os *community college* como o lugar do refugo (o lugar para aqueles que não eram *college material*) e como uma trincheira protetora para as instituições mais "nobres":[3]

> Abbott Lawrence Lowell, reitor de Harvard, viu claramente as vantagens desta estratégia. "Um dos méritos destas novas instituições", ele escreveu em 1928, "será a de manter fora da faculdade os jovens que não têm inclinação para o ensino superior, ao invés de empurrar para dentro dela". (Ibid., 2016)

Assim, lideranças acadêmicas apoiaram a

> criação de *junior colleges* como uma espécie de extensão da escola média, instituições de novo tipo destinadas a reduzir o superpovoamento das universidades e a desviar os estudantes mal preparados dos rigores da universidade. (Ibid., 2016)

As autoras acreditam que os *community college* são bem mais do que isso. E enfatizam a educação vocacional. Lembram que as leis federais, a partir de 1963 (Vocational Education Act), ampliaram a aplicação de fundos federais para esse tipo de educação, abrangendo agora as escolas superiores.

---

3 Comentei esse aspecto em meu livro *Educação superior nos Estados Unidos – História e estrutura* (2015).

Assim que assumiu, Obama lançou um programa voltado para essas iniciativas vocacionais em *community college*.

As autoras destacam o quanto isso teria que avançar para que se pudesse comparar com o bem-sucedido modelo germânico:

> Enquanto a formação profissional nos Estados Unidos é um pobre enteado de instituições de ensino convencionais e capta a atenção de apenas um modesto número de estudantes, na Alemanha é a experiência da maioria. 55% dos alunos do ensino secundário superior dela participam. (Ibid., 2016)

O problema mais amplo, extraescolar, dizem elas, é "Nossa ambivalência para com o trabalho braçal, nossa obsessão do pós-guerra com ocupações de colarinho branco, a religião nacional de mobilidade ascendente" (ibid., 2016).

> Essa mudança tem sido mais lenta na Alemanha, em comparação com os Estados Unidos, em parte porque o salário diferencial entre operários na Alemanha e os seus homólogos do colarinho branco não é tão grande como é nos Estados Unidos, especialmente depois de décadas de desindustrialização, declínio dos sindicatos e queda de salários na América. (Ibid., 2016)

O outro estudo a que nos referimos é de Kevin Fleming. Na verdade, mais do que um entusiasta e propagandista, ele é um militante da causa *other ways*, está envolvido em diversas atividades de promoção dessa via.

Fleming começa por relativizar a associação que se faz entre o endeusado *college* de elite e a noção de "sucesso": "Harvard não torna seu sucesso mais provável. O tipo de pessoa que é aceito por Harvard já é mais susceptível de ter êxito" (Fleming, 2016).

Com certo grau de provocação, afirma que o *college* de elite produz, mais do que bom ensino, um rótulo, uma credencial: "Eles têm que pagar para obter esse indicador, porque sem esse sinal você não consegue um emprego decente ou é visto como um ser humano decente, assim flui a narrativa dominante. O sinal é o produto" (ibid., 2016).

Fleming propõe substituir a retórica do *college for all* (frequentemente entendida, aliás, como *university for all*) por outra, mais realista, modesta e eficaz: a *post-high school credential for all*. A conexão sucesso-*college-white collar* é algo mal costurada, a seu ver:

> Trabalhadores de colarinho branco normalmente realizam o trabalho profissional, gerencial ou administrativo em escritórios. Em geral, esses trabalhos são

Ensino superior e formação para o trabalho

fisicamente menos trabalhosos e historicamente são vistos como caminho para salários mais elevados do que aqueles em postos de colarinho azul. Esta crença foi ainda mais alimentada pela noção de que a América é uma "economia do conhecimento". Além disso, aqueles com empregos de colarinho branco normalmente têm diplomas universitários. (Ibid., 2016)

Tomando a divisão de trabalho que observa em alguns locais de trabalho hierarquizados (como os hospitais), estabelece uma espécie de regra de proporções de uso quase universal: "Para cada doutor empregado no setor de saúde, há duas enfermeiras e outros sete profissionais de saúde. [...] Esta proporção era a mesma em 1950, a mesma em 1990 e será a mesma em 2030" (ibid., 2016).

Com um pouco de imaginação, podemos observar que essa proporção é algo similar às proporções que vemos num tabuleiro de xadrez, essa alegoria da organização social do medievo (ou da sociedade persa, onde parece que o jogo surgiu).

É notável o crescimento do segmento educativo *sub-baccalaureate*, isto é, o segmento que inclui some *college*, mas não necessariamente bacharelado. Veja a tabela que Fleming monta:

Comparação de credenciais atribuídas entre 2008 e 2012

	Certificados (cursos de menos do que um ano)	Certificados (cursos de um ano ou um ano e alguns meses) menos do que dois anos	*Associate degree* (curso de dois anos)	*Bachellor degree* (quatro anos)
2008	265.454	183.483	732.432	1.554.843
2012	337.870	286.825	1.017.446	1.778.598
Crescimento	27,30%	56,30%	38,90%	15,00%

Em grande parte, os argumentos e a proposta de Fleming são precisamente aqueles compartilhados por Keith Campbell, em um livreto (*Manufacturing Workforce Development Playbook – Preparing for the manufacturing renaissance in America*) que tem a peculiaridade de apostar, ainda, no renascimento da manufatura nos Estados Unidos.

Campbell também sublinha o enganoso acento posto pela propaganda e pelas crenças populares na aquisição do bacharelado como condição necessária e suficiente para atingir o chamado "sonho americano". O resultado é uma multidão de jovens graduados e subempregados, alojados em *gray-collar jobs*. E endividados, além disso. O autor lastima esse investimento em educação que não se consegue pagar, diante de um mercado de trabalho que a desmente como "escada" social:

> Em 1960, levando em conta todos os empregos da economia norte-americana, 20% exigiam um curso de quatro anos ou mais, 20% eram trabalhos técnicos que necessitavam de formação qualificada, e 60% eram classificados como não qualificados. (Campbell, 2014)

Campbell lembra que mais educação não gera necessariamente mais empregos para esses graduados:

> Tentativas bem-intencionadas de enviar mais e mais estudantes para a universidade não vão mudar os tipos de empregos que dominam a nossa economia, nem uma mentalidade de "faculdade para todos" irá mascarar estas realidades do mercado de trabalho. (Ibid., 2014)

E também acentua o papel decisivo nos *community college* na provisão dos trabalhadores que, de fato, serão demandados:

> *Community colleges* estão na posição ideal para fornecer mais de 70% da força de trabalho do futuro com uma educação combinada com habilidades técnicas aplicadas, credenciais orientadas pela indústria e preparação específica para o emprego. (Ibid., 2014)

Vista em perspectiva, essa onda de negação do *college for all* e de proposição de *other ways to win* está, ela própria, vulnerável a incertezas cada vez maiores que afligem a sociedade norte-americana. Incertezas que dizem respeito ao lugar dos Estados Unidos no mundo, da conformação de seu mundo produtivo e, claro, da estrutura ocupacional. Quando vemos a velocidade dessa mudança, em perspectiva, como dissemos, soa fantasmagórica a conformação do debate dos anos 1980/1990, ponto de partida de nosso balanço, neste relatório. Aparentemente, tudo aquilo que se apontava como o "novo mundo do trabalho" transformou-se numa nuvem evanescente.

No texto que abre este relatório comentávamos a "ilusão de estabilidade" que nos sugeriam os artigos de Patrice K. Cross dos anos 1980 (1981;1989). Aquela impressão de baixa turbulência seria negada pelas polêmicas da década seguinte, que pareciam afirmar um outro *plateau*. Aparentemente, esse novo *plateau* era, também, uma espécie de miragem. A turbulência seguinte seria ainda maior.

15
ASCENSÃO E CRISE DO VOCACIONALISMO. O *COMMUNITY COLLEGE* E O *NONCREDIT COURSE*

O tamanho dos Estados Unidos (território, população, economia) reflete-se nos números de seu sistema educativo. Um resumo do espanto é feito por Robert Lerman: lá por 2005, diz ele, o país gastava nesse Sistema um valor próximo de US$ 1 trilhão. Quase o PIB do Brasil naquele ano. O valor correspondia, porém, a pouco mais de 7% do PIB americano. Esse investimento dava conta de 72 milhões de estudantes, dos quais uns 55 milhões correspondiam a ensino fundamental e médio (Lerman, 2008). Em suma, uma tremenda máquina e com uma história e tanto.

Desde a virada do século XIX para o XX, a criação do ensino médio (que deu um enorme salto nas décadas de 1920 e 1930) foi marcada por duas tensões ou metas: preparar o "cidadão" e preparar a força de trabalho para uma nova realidade social e econômica, urbana, industrial.

O ensino médio (*high school*) e o seu degrau imediatamente posterior (*junior colleges*) ficavam divididos entre essas duas vocações educativas.[1] Nas *high schools*, compreensivas por definição, instaurava-se, na prática, uma estrutura de trilhas (*trackings*) mais ou menos estratificantes. Simplificando uma história muito complexa (com muito vaivém e muitas diferenças entre estados e, mesmo, distritos educacionais), pode-se dizer que houve um afunilamento para a estratificação dos estudantes em três

---

1 Para o efeito desse dilema nos *junior* (depois *community*) *colleges*, ver meu livro *Educação superior nos Estados Unidos – História e estrutura* (2015), capítulos 3 e 4.

trackings: o acadêmico (preparatório para o *college*), o vocacional e o "geral". Este último, cada vez maior, foi se constituindo como o lugar natural da "turma do fundão", dos estudantes que "não eram material acadêmico" e não tinham tutano suficiente para profissões médias mais exigentes. O segmento para o refugo, se quisermos usar uma expressão dura. Essa descrição, repito, é grosseira, simplificada, mas nada falsa. Há uma farta literatura sobre essa degradação.

Nas últimas décadas, foram surgindo tentativas de criar "passarelas" entre o ensino focalizado na "carreira" e o ensino "preparatório para o superior".[2] Nesse movimento, enquadram-se os novos programas contidos na rubrica da *Career and Technical Education* (CTE), mas principalmente as *Career Academies* e programas *Tech Prep*, que conectam de diversos modos escolas médias e *colleges*.

O desafio da formação de força de trabalho tem esse componente e, além disso, tem um problema de natureza propriamente pedagógico:

> Para a maioria dos postos de trabalho, a questão está não só nas habilidades, mas também no uso dessas habilidades. Embora matemática avançada seja um ponto crítico para muitos empreendimentos de engenharia ou alguns de ciências sociais, a maioria dos outros estudantes de nível superior provavelmente não encontrará uma derivada em nenhum momento de suas carreiras. Mas é o uso contínuo de habilidades que leva a dominá-las. Os estudantes que aprendem ferramentas de trigonometria ou cálculo, mas fazem pouco uso delas, provavelmente não as conservarão por muito tempo. (Ibid., 2008)

Assim, espalha-se a dúvida sobre conteúdos e métodos de ensino da *high school*, sobre sua qualidade e relevância, seu papel.

Reparemos no problema levantado por Lerman – conhecimento, uso e "desvanecimento" pelo não uso. Não por acaso, isso faz renascer, ciclicamente, a comparação com a educação de modelo alemão, seu sistema dual e suas técnicas de *apprenticeship*, que comentamos em capítulos anteriores.

Mas o principal desdobramento das avaliações pessimistas sobre a *high school* é uma espécie de fuga para a frente. Já que a *high school* não ensina a trabalhar, melhor alongar a vida escolar, fazer com que as pessoas façam esse treino vocacional em alguma "escola superior". E quem é o candidato óbvio para cumprir tal função? O *community college*. Através de cursos não

---

2 Como se este não fosse feito de carreiras – 70% dos *majors* têm esse perfil. Diz Lerman: "Mesmo na graduação, cerca de 60% dos estudantes estão em programas com orientação para o trabalho, como engenharia, administração, contabilidade, ensino, cuidados de saúde" (2008).

regulares, o chamado *noncredit*, isto é, cursos que não emitem diploma e, por isso, não fazem as exigências vinculadas com essa credencial. Eles emitem "certificados" mais ou menos associados a ocupações estabelecidas.

Embora a coleta de dados sobre os programas *noncredit* seja precária, bem menos precisa do que para os demais cursos, alguns estudiosos já apontam que eles crescem, recentemente, em ritmo mais acelerado. É o que destacam os dados examinados por diversos estudiosos (Xu; Ran, 2015; Combs, 2012).

E por que esse problema está inserido no debate sobre o ensino superior?

Neste momento da análise, certamente se poderia perguntar: por que a questão do ensino profissional, da preparação elementar para a vida adulta se faz no espaço intelectual que se destina ao ensino superior?

Por que essa discussão, nos EUA, envolve a educação superior, enquanto em boa parte do mundo ela se coloca no plano do ensino secundário e profissional?

Nas sociedades modernas, a educação (escolar ou não escolar) tem sido encarada como forma de gerenciar uma passagem – da idade juvenil para a adulta. Mais especialmente para a inclusão adequada do jovem no mundo dos adultos, mais especificamente no mundo do trabalho. Nesta última acepção, pelo menos, há diferenças marcantes entre diferentes sociedades.

O modelo alemão, por exemplo, enraíza tal processo na escola média e no ensino profissional pré-universitário. Daí, já aos dez ou doze anos, a criança tem o que alguns criticam como uma "destinação precoce" – uma espécie de destino e prescrição, similar à que se expõe no famoso Livro X da *República* de Platão.

Como lembra Harry Holzer, o contraste incomoda e é cronicamente apontado:

> Na Europa, a educação vocacional (Career and Technical Education – CTE), incluindo *apprenticeships*, prepara para empregos bem remunerados os concluintes do ensino médio que não vão para a faculdade. Na América, no entanto, a "formação profissional" historicamente tem sido muito fraca. A partir da década de 1960, pais de estudantes de minorias e de baixa renda começaram a reclamar do "encaminhamento" de seus alunos para fora do caminho da faculdade, em direção a setores da economia de salários muito baixos. (Holzer, 2015b)

O modelo norte-americano, pelo menos "de jure", recusa fazer tal filtragem na escola média, que permanece "compreensiva" – deixa tal separação e hierarquização para o nível superior. De novo vale a pena citar Holzer, em outro estudo:

> Em contraste, muitos empregadores dos EUA olham para nosso sistema de ensino superior para gerar todos os empregados bem treinados. Na Alemanha e em outros países da União Europeia, os trabalhadores adquirem tais habilidades na escola secundária, através de estágios ou outros tipos de educação vocacional e técnica de alta qualidade.
>
> [...]
>
> Em vez disso, nos Estados Unidos, espera-se que o ensino superior, curto ou o bacharelado, cumpram esse papel. Mas aqui, também, nossa capacidade de gerar um fornecimento adequado de trabalhadores qualificados tem sido limitada. Apesar de enviarmos mais alunos para a faculdade (incluindo os cursos de dois anos e as escolas com fins lucrativos) do que a maioria dos outros países do mundo, nossas taxas de abandono são extremamente elevadas. (Holzer, 2015a)

Daí, certamente, as expectativas que caem sobre os *community colleges* – sem dúvida, desproporcionais a suas possibilidades e recursos.

> Em outras palavras, a criação de emprego para trabalhadores de nível médio de qualificação depende, em parte, da avaliação dos custos de encontrar e gerar esses trabalhadores, que são relativamente elevados nos Estados Unidos. Assim, os empregadores norte-americanos podem preferir o *offshore* ou terceirizar esse trabalho. E cada vez mais podem optar pela minimização de custos em suas práticas de recursos humanos em vez de competir por meio de políticas de "alto nível" ou de alto desempenho que gere os trabalhadores produtivos. Isto está em nítido contraste com muitos empregadores na Alemanha, por exemplo, que criam mais empregos de média qualificação mais bem remunerados na manufatura e em outros setores, pelo menos em parte porque eles têm mais confiança de que seus empregados sem faculdade possuam sólidas habilidades analíticas e cognitivas. (Ibid., 2015b)

Não é, portanto, tão surpreendente que a criação de numerosos programas estaduais de *workforce development* comprometa sobretudo os *community colleges*, instituições muito mais capilares e flexíveis do que as escolas de bacharelado (mesmo as universidades estaduais e regionais). Tenho estudado essas instituições de ensino de curta duração, a elas dediquei parte importante de meu primeiro livro sobre o tema (*Educação superior nos*

Estados Unidos – História e estrutura, 2015). Revendo a trajetória dos *community colleges*, creio que seria possível demarcar pelo menos três fases iniciais e três mais recentes, conforme o perfil, a missão e o público.

Num primeiro momento, teríamos estas fases:

O *junior college* nasce como instrumento de "adequação" de jovens mal preparados pelo ensino médio (comparados com os jovens franceses e alemães), um vestíbulo para a *true university*.

Logo em seguida, há uma divisão de projetos ou visões para essas escolas. Um dos profetas do movimento, Walter Eells, tende a enquadrá-las no ensino superior e na vertente vocacional, terminal. O outro profeta, Leonard Koos, as enquadra no ensino médio, vocacional. Para as famílias e professores, porém, a escola cada vez mais é vista como um veículo para a universidade, o *college* de quatro anos, um dispositivo para o *transfer*.

Depois da Segunda Guerra Mundial, há um crescimento em paralelo de duas vertentes: o *transfer* e o *terminal*.

Em especial depois dos anos 1960, sob o impulso de políticas como a Grande Sociedade e os Direitos Civis, há também uma demarcação no perfil dos *community colleges*, com variantes na sua missão:

Prover o ACESSO dos antes excluídos (anos 1960-70);

Promover o SUCESSO (de estudantes mal preparados) (anos 1980-90);

Responder às necessidades da "nova estrutura ocupacional", a era da RELEVÂNCIA.

Em certa medida, todo o debate sobre *skills* e formação da "nova" força de trabalho remonta a essa evolução dos perfis e missões: acesso, sucesso, relevância.

E por que isso envolve especificamente os *community colleges*?

Por que nos *community colleges*, então? A discussão acima revela alguns dos motivos pelos quais isso ocorreu, mas ainda se pode acrescentar algo que história, geografia e demografia do sistema esclarecem.

A posição estratégica dos *community colleges* aparece por vários motivos. Primeiro, pelo seu lugar no sistema. Ao mesmo tempo parte do ensino superior (e portanto, um degrau a mais nas aspirações das famílias, um *upgrade*) e, por outro lado, algo diferente do ensino superior de elite, marcado por certas presunções inibidoras. Apesar da maioria dos *majors* serem, de fato, preparatórios profissionais, certamente o norte-americano médio recusaria chamar o *college* de ensino vocacional. E, por outro lado, o professorado dos *community colleges* tem, diante da função ensino, o mesmo olhar que tem o professor do *four year college*. Uma parte crescente dos professores dos *community colleges* são profissionais em tempo parcial (engenheiros que *também* ensinam, por exemplo).

Mas o fato mais importante é o tamanho da rede de CCs, sua disposição no território, a demografia de seu corpo *discente*. Vejamos alguns números do *fast fact sheet* da America Association of Community Colleges para 2018.

São mais de 1.100 CCs, quase mil deles públicos. Vale lembrar que diversos desses CCs possuem mais de um campus, o que significa a existência de algo como 1.600 pontos de oferta. A rede abrigava 12,1 milhões de estudantes (em 2017) – 7,1 milhões (59%) em cursos *credit* (visando a diplomas de *advanced degree*) e 5 milhões em cursos *noncredit* (visando a certificados de treinamento). A maior parte (58%) era composta de mulheres. Cerca de 47% eram brancos não hispânicos, 13% negros e 24% hispânicos. Mais de um terço (36%) era constituído pelos primeiros de suas famílias a chegar ao ensino superior. A idade média é de 28 anos, a mediana, 24 anos. Quase a metade (49%) estava acima dos 22 anos. A opção pelo CC derivava de vários fatores (como a capilaridade do sistema, sua política de acesso aberto), mas talvez principalmente pelo custo: as anuidades de um *college four year* giravam em torno de US$ 9.970 e as do CC eram de US$ 3.570. Na verdade, menos de 30% dos orçamentos dos CCs são cobertos diretamente por anuidades pagas pelos estudantes.

Considerando todas essas características dos CCs, é pertinente o tom (e o título) do *report* de W. Norton Grubb, Norena Badway e Denise Bell (2002) onde os autores lembram que os CCs acolhiam com orgulho o rótulo de *people's college*, que já pertencera à *high school*. Isso se devia, basicamente, à sua política de *open door*. Assim, haviam se tornado a opção primeira (ou quase única) dos segmentos mais pobres da sociedade, o lugar do estudante "não tradicional".

E, com o passar do tempo, foram assumindo também o papel de oferecer oportunidades para os indivíduos mais vulneráveis do mercado de trabalho, através dos seus programas de formação profissional rápida. Estudantes que antes eram alvo da chamada educação de adultos, dos programas governamentais de socorro a pobres e desempregados, dos programas de treinamento rápido, como o Jobs Training Partnership Act (JTPA) e o novo Workforce Investment Act (WIA).

Os programas *noncredit* são mais flexíveis, menos impessoais, pouco burocratizados, diferentemente dos cursos acadêmicos que oferecem diplomas convencionais (mesmo os *advanced degree* do ensino superior curto).

Ensino superior e formação para o trabalho

São cursos mais baratos, de matrícula aberta, flexíveis, começam a cada semana ou duas. Também buscam locais alternativos de oferta, como os centros comunitários, associações, igrejas, lugares, enfim, já familiares para a população-alvo. É o que explica, também, que sejam espaço natural para a recepção de imigrantes. Percebendo tal viés, muitos dos CCs criam serviços de acolhimento adicionais para esse tipo de população – orientação, cuidado de crianças, aconselhamento etc.

Assim, como dissemos, não é de estranhar que sejam vistos como os candidatos ideais para assumir a tarefa de "recolocar no jogo" os trabalhadores deslocados pelos turbilhões da "modernização" da economia – automação, deslocalização de plantas, reengenharia e *downsizing*.[3]

O lado menos luminoso desse filão – a *noncredit education* – é que, na maioria dos estados, ele tem financiamento precário, bem menor do que a educação convencional. Além disso, existe a questão do *status* – os programas acadêmicos, que conferem diplomas (ainda que apenas o *advanced degree*), têm, desde muito tempo, o prestígio do "andar de cima". Algum tipo de segregação decorre disso.

Grubb e seus colegas apontam um outro aspecto do problema, muito relevante, ao qual voltaremos mais adiante, para destacar os "impensados" dessas reflexões. Vale citar:

> Finalmente, e talvez mais importante, o *evangelho da educação* assume incrementos na educação e mudanças na política de educação podem curar todos os males, sociais e individuais, incluindo a pobreza. Como Michael Bloomberg, o novo prefeito de Nova York, afirmou recentemente, se as escolas forem melhoradas então "muito do que Dr. Martin Luther King queria realizar na nossa sociedade se fará por si mesmo". (Grubb; Badway; Bell, 2002)

Os autores mencionam, sem desenvolver, a necessidade de *other policies*. E mencionam com ênfase uma delas: Active Labor Market Policies (ALMP).

Em outro momento, Grubb e Lazerson tinham chamado atenção para o *education gospel*. Alertavam que os problemas da educação, seus desafios, promessas e miragens teriam que ser confrontados com um fator mais global, o fraco *welfare state* norte-americano. Mas, aparentemente, como indicaremos mais adiante, isso pode ser parte do impensado ou mesmo do impensável da reflexão crítica norte-americana.

---

3 Um rápido retrato desse deslocamento pode ser visto na série de artigos que escrevi para o *Jornal da Unicamp*, sob a rubrica geral de *A desindustrialização da América*.

16
BALANÇO PROVISÓRIO. SEM CONCLUSÃO E SEM TESTE DE HIPÓTESE

A pesquisa que projetei começou de um modo e terminou de outro. Não me parece exatamente inesperado que o imprevisto apareça no decurso de uma investigação. Mas é por isso mesmo que vale a pena historiar esse percurso.

Diferentes aspectos da pesquisa foram sendo apresentados, pelo autor, em notas e artigos de diferente natureza. Nestes últimos dezoito meses, sobretudo, na forma de artigos não acadêmicos – e alguns desses comentários são retomados aqui neste livro.

Algo que se deve destacar (e isso também não é descoberta minha) é que problemas e disfunções sociais são quase sempre percebidos através de sintomas, de algum "mal-estar" difuso que depois se tenta deslindar. Não foi diferente com o nosso exame do debate norte-americano a respeito da educação vocacional e da sua relação com os *community colleges*.

Encontramos um discurso quase padrão, ou pelo menos muito frequente, composto pelos seguintes elos: o declínio econômico relativo do país e suas consequentes disfunções, vistas, por exemplo, na queda de produtividade do trabalho e dos indicadores de produto, aparecem mais agudamente quando comparados com a nova "competitividade" dos europeus e japoneses, os novos concorrentes das grandes corporações norte-americanas, já nos anos 1970.

Na busca das razões do alegado declínio, numerosos estudos, governamentais ou paragovernamentais (centros independentes em geral subsidiados por agências públicas), apontavam para uma força de trabalho desajustada, mal formada para as mudanças ferventes do sistema produtivo.

Com o tempo, porém, fomos colocando em dúvida essa localização do problema, o fator causal que se identificava nesses estudos. Parecia haver muita coisa frágil no diagnóstico. E o diagnóstico levava, parece-nos, a um receituário também problemático, uma terapêutica pouco precisa, frequentemente mal resolvida.

Na enorme maioria (tendo a dizer que todos) dos relatórios, aparece um lamento: os Estados Unidos nunca tiveram um sistema de educação profissional coerente, eficaz, comparável, por exemplo, ao modelar sistema dual alemão, constantemente apontado como modelo a imitar.

A partir desse reconhecimento, soluções tentativas foram anunciadas, como a reforma da *high school* (com a receita do *basic to basics*, por exemplo) e a invenção de programas vocacionais paralelos. Outra tentativa tem sido a edificação de sistemas estaduais de *workforce development*, envolvendo, sobretudo, os *community colleges*. Em várias dessas tentativas (variando a instituição focada) aparece, também com frequência, a sugestão de alterar profundamente os métodos de ensino – com a adoção das práticas de *apprenticeship* e ensino por projeto, para revigorar o velho ensino.

Alguns dos estudiosos (como Norton Grubb) vão além desses diagnósticos e terapêuticas. Grubb enfatiza que não adianta produzir tais reformas (muito dependentes do que ele chamava de evangelho pedagógico) sem envolver *other policies*, como a de ALMP (Active Labour Market Policy). Ou, mais do que isso, como sugerem Grubb e seu parceiro, Lazerson, alhures: apontam eles para algo bem mais amplo, a debilidade do arranjo social norte-americano, ou, estritamente, a debilidade de seu *welfare state*.

No debate, alguns países aparecem como inspiração para reformas – o Japão, ocasionalmente, mas, sobretudo, a Alemanha, com seu *dual-system* e sua *apprenticeship*.

Mas a sombra da Alemanha não é apenas a sombra de outra forma de escola, como se podia deduzir do elo sugerido por Grubb e Lazerson e mencionado anteriormente. Trata-se de um outro *welfare state*, outras relações de emprego e representação laboral, outro modelo de empresa (no financiamento, na gestão, nas relações de trabalho), outro modo de vida, enfim. Uma "nova escola" não seria suficiente para inventar uma nova sociedade.

Enfim, a cada passo das "ondas" do debate sobre a reforma dos sistemas de formação de força de trabalho, a produção de *skills* relevantes, ficávamos com a impressão de que tais estudos sofisticados, plenos de soluções pedagógicas complexas e criativas, desembocavam em frustrações. E não por acaso, afinal, o nervo da questão parecia intocado, impensado. Em certo sentido, porque impensável, era também interdito.

Talvez esse debate esteja fadado a tal aporia, a tal insucesso. Ou talvez tenha outro sucesso, perverso sucesso: abafando ou retardando o reconhecimento do mal de origem. Se assim for, é como se um impensado (e impensável) se corporificasse em sucessivas sublimações ou denegações. O sucesso perverso é a produção da "distração".

Não por acaso, vários dos textos anexados aos relatórios desta pesquisa incidem com aspectos vários desses "impensados" determinantes. A pesquisa empurrava fortemente o pesquisador para a apreciação de diferentes aspectos da sociedade norte-americana, que eram bem mais do que um "pano de fundo" dos temas da educação. Era impossível ignorá-los ou tratá-los como parte de uma inocente ou inútil paisagem. Esses fatores de perturbação aparecem sobretudo nas notas que se transformaram em artigos de difusão. São, em certa medida, o impensado ou impensável dos debates educacionais, aquilo que emerge apenas ocasionalmente. Por vezes, até de modo chocante. É o caso dos estudos de James Heckman e seus colegas a respeito das bases materiais do desenvolvimento intelectual das crianças – o que também comentei em capítulo anterior. Nos dois últimos anos, alguns estudos têm apontado algo que talvez nos choque e que seja um daqueles momentos epifânicos a revelar algo incômodo que sempre esteve ali e sempre foi sufocado. Pondera-se que um número não desprezível de estudantes de nível superior (principalmente nos *community colleges*) encontra dificuldade para apreender porque não se alimentam. Há alguns especialistas sugerindo algo como um programa de "merenda escolar" para essas instituições superiores. Fatos como esses, inesperados como podem parecer, lançam cada vez mais a suspeita de que aquele impensado acima sugerido torna-se, enfim, pensável. A educação norte-americana é herdeira de um fardo bem maior do que pode suportar. O tema do "evangelho pedagógico", examinado no livro de Grubb e Lazerson, é mais do que atual.

Referências bibliográficas

ABBOTT, John; MCTAGGART Heather. *Overschooled but Undereducated*: Is the Crisis in Education Jeopardizing Our Adolescents? Nova York: Continuum, 2010.

ACEMOGLU, Daron; AUTOR, David. Skills, Tasks and Technologies: Implications for Emplyment and Earnings. *National Bureau of Economic Research*, Working Paper n.16082, 2010. Disponível em: <http://www.nber.org/papers/w16082>.

ANDRES, George. *You Can Do Anything*: The Surprising Power of a "Useless" Liberal Arts Education. Boston: Little, Brown and Co., 2017.

APPELBAUM, Eileen; BATT, Rosemary *High-Performance Work Systems*: American Models of Workplace Transformation. Economic Policy Inst.: Washington, D.C., 1993.

AUTOR, David. The Polarization of the U.S. Labor Market: Evidence, Explanations and Implications for Higher Education. MIT Economics, s.d. Disponível em: <https://economics.mit.edu/faculty/dautor/papers/inequality>.

BABONES, Salvatore. Education "Reform's" Big Lie: The Real Reason the Right Has Declared War on Our Public Schools. *Salon*, 9 maio 2015. Disponível em: <http://www.salon.com/2015/05/09/education_reforms_big_lie_the_real_reason_the_right_has_declared_war_on_our_public_schools/>.

BAILEY, Thomas; NOYELLE, Thierry. *New Technology and Skill Formation: Issues and Hypotheses*. Washington D.C.: Office of Educational Research and Improvement (ED), 1988.

_____. *Changes in the Nature and Structure of Work*: Implications for Skill Requirements and Skill Formation. National Center for Research in Vocational Education,

Berkeley, CA. Office of Educational Research and Improvement (ED).Washington, D.C., maio 1990.

_____; BERRYMAN, Sue. *The Double Helix of Education and the Economy*. Nova York: Teachers College/Columbia University, 1992.

_____; MERRITT, Donna. *School-to-Work for the College Bound*, National Center for Research in Vocational Education, Macomb-IL, 1997.

BARDHAN, Ashok D.; KROLL, Cynthia. The New Wave of Outsourcing. _____. Fisher Center for Real Estate & Urban Economics, University of California, Berkeley, 2003. Disponível em: <http://repositories.cdlib.org/iber/fcreue/reports/1103>

_____; JAFFEE, Dwight; KROLL, Cynthia. Globalization and a High-Tech Economy: California, the United States and Beyond. Springer US, 2004.

BECKER, Gary. *Human Capital*. Universidad de Montevideo, s.d. Disponível em: <www.um.edu.uy/docs/revistafcee/2002/humancapitalBecker.pdf>.

_____. The Age of Human Capital. Hoover Institution, s.d. Disponível em: <http://media.hoover.org/documents/0817928928_3.pdf>.

BELL, Daniel. *The Coming of Post-Industrial Society*: A Venture in Social Forecasting. Nova York: Basic Books, 1973.

BENSON, Charles S. New Vocationalism in the United States: Potential Problems and Outlook. *Economics of Education Review*, v.16, issue 3, jun. 1997.

BERGER, Suzanne. *Making in America*: from Innovation to Market. Cambridge: MIT Press, 2013.

BIRD, Caroline. *The Case Against College*. Nova York: Bantam Books, 1975a.

_____. College is a Waste of Time and Money. *Psychology Today*, maio 1975b. Disponível em: <https://pt.scribd.com/document/46775622/Caroline-Bird-College-is-a--Waste-of-Time-and-Money>.

BLINDER, Alan. Offshoring: The Next Industrial Revolution? *Foreign Affairs*, mar./abr. 2006a, p.113-128.

_____. Preparing America's Workforce: Are We Looking in the Rear-View Mirror? Princeton University, *CEPS Working Paper* n.135, out. 2006b.

_____. Outsourcing: Bigger than You Thought. *The American Prospect*, nov. 2006c, p.44-46.

_____. How Many U.S. Jobs Might Be Offshorable? Princeton University, *CEPS Working Paper* n.142, mar. 2007.

_____. Education for the Third Industrial Revolution. Princeton University, *CEPS Working Paper* n.163, maio 2008.

BLUESTONE, Barry; HARRISON, Bennett. *The Deindustrialization of America*. Nova York: Basic Books, 1982.

_____; _____. *The Great U-Turn*: Corporate Restructuring and the Polarizing of America. Nova York: Basic Books, 1988.

BONALYN, Nelsen. Should Social Skills Be in the Vocational Curriculum? Evidence from the Automotive Repair Field. In: LESGOLD, Alan; FEUER, Michael J.; BLACK,

Allison M. (Eds.). *Transitions in Work and Learning*: Implications for Assessment. Washington, D.C.: National Academies Press, 1997.

BROWN, Phillip; LAUDER, Hugh; ASHTON, David. *The Global Auction:* The Broken Promises of Education, Jobs, and Incomes. Oxford: Oxford University Press, 2011.

_____. et al. Towards a High-Skilled, Low-Waged Workforce? A Review of Global Trends in Education, Employment and the Labour Market. Monograph n.10, out. 2008.

CAMPBELL, Keith S. *Manufacturing Workforce Development Playbook* – Preparing for the Manufacturing Renaissance in America. Chicago: Summit Media Group, 2014.

CAPELLI, Peter et al. *Change at Work*. Oxford: Oxford University Press, 1997.

CAPELLI, Peter. Skill Gaps, Skill Shortages and Skill Mismatches: Evidence for the US. NBER Working Paper n.20382, ago. 2014. Disponível em: <http://www.nber.org/papers/w20382>.

_____. *Why Good People Can't Get Jobs The Skills Gap and What Companies Can Do About It*. Filadélfia: Wharton Digital Press, 2011.

_____. *Will College Pay Off?* – A Guide to the Most Important Financial Decision You Will Ever Make. PublicAffairs/Perseus Books, 2015.

CARLSON, Scott. Why Colleges Need to Embrace the Apprenticeship. *The Chronicle of Higher Education*. Washington, 4 jun. 2017.

COFFEY, W. The Newer International Division of Labour. In: DANIELS, P.; LEVER, W. (Eds.). *The Global Economy in Transition*. Harlow: Longman, 1996.

COHEN, Arthur; KISKER, Carrie. *The Shaping of American Higher Education*: Emergence and Growth of the Contemporary System. San Francisco: Jossey-Bass, 2009.

_____; BRAWER, Florence. The *American Community College*. San Francisco: Jossey-Bass, 2013.

_____; KISKER, Carrie; BRAWER, Florence. The Economy Does Not Depend on Higher Education. *The Chronicle of Higher Education*, 28 out. 2013. Disponível em: <https://www.chronicle.com/article/The-Economy-Does-Not-Depend-on/142641>.

COLCLOUGH, G.; TOLBERT; C. M. *Work in the Fast Lane*: Flexibility, Divisions of Labor, and Inequality in High-Tech Industries. Albany: University of New York Press, 1992.

COLLINS, Allan. Cognitive Apprenticeship: Teaching the Craft of Reading, Writing, and Mathematics. *Technical Report* n.403. Washington, D.C.: National Institute of Education, 1987.

COMBS, Joseph Lincoln. *The Role of Noncredit Continuing Education as a Workforce Revitalization Partner*. Electronic Teses and Dissertations. Paper 1405, 2012. Disponível em: <http://dc.etsu.edu/etd/1405>.

COMMISSION ON THE SKILLS OF THE AMERICAN WORKFORCE. *America's Choice*: High Skills or Low Wages! Rochester: National Center on Education and the Economy, 1990.

CONANT, James. *The American High School Today* – A First Report to Interested Citizens. Nova York: McGraw-Hill, 1959.

COWAN, Robin; FORAY, Dominique. The Economics of Codification and the Diffusion of Knowledge. *Industrial and Corporate Change*, v.6, n.3, 1997.

COYLE, Diane; ALEXANDER, Wendy; ASHCROFT, Brian. (Eds.). *New Wealth for Old Nations*: Scotland's Economic Prospects. Nova Jersey: Princeton University Press, 2005.

CROSS, K. Patricia. Community Colleges on the Plateau. *The Journal of Higher Education*, v.52, n.2, mar./abr. 1981, p.113-123.

_____. Societal Imperatives Needs for an Educated Democracy. National Conference on Teaching Excellence, Austin, Texas, 23 maio 1984. Disponível em: <https://diva.sfsu.edu/collections/kpcross/bundles/210862>.

_____; FIDELER, Elizabeth F. Community College Missions: Priorities in the Mid-1980s. *The Journal of Higher Education*, v.60, n.2, mar./abr. 1989.

CUBAN, Larry; TYAK, David. *Tinkering toward Utopia*: A Century of Public School Reform. Cambridge: Harvard University Press, 1995.

CUNHA, Flavio; HECKMAN; James J. Investing in Our Young People. *NBER Working Paper*, n.16201, jul. 2010. Disponível em: <http://www.nber.org/papers/w16201>.

_____ et al. Interperting the Evidence on Life Cycle Skill Formation. *NBER Working Paper*, n.11331, maio 2005. Disponível em: <http://www.nber.org/papers/w11331>.

DAVIDSON, Cathy N. *The New Education*: How to Revolutionize the University to Prepare Students for a World In Flux. Nova York: Basic Books, 2017.

DAVIS, Gerald F. *Managed by the Markets:* How Finance Re-Shaped America. Oxford: Oxford University Press, 2009.

_____. *The Vanishing American Corporation*: Navigating the Hazards of a New Economy. Oakland: Berrett-Koehler Publishers, 2016.

DEIL-AMEN, Regina. The Underserved Third: How Our Educational Structures Populate an Educational Underclass. *Journal of Education for Students Placed at Risk*, n.15, 2000.

DERTOUZOS, Michael; LESTER; Richard K.; SOLOW; Robert M. *Made in America*: Regaining the Productive Edge. Nova York: Harper Perennial, 1989.

DEVINATZ, Victor Gary. *High-tech betrayal*: Working and Organizing on the Shop Floor. Michigan: Michigan State University Press, 1999.

DRUCKER, Peter. *Postcapitalist Society*. Nova York: HarperBusiness, 1993.

ELANGO, Sneha et al. Early Childhood Education. *NBER Working Paper* n.21766, nov. 2015. Disponível em: <http://www.nber.org/papers/w21766>.

FIELD, Kelly. Should the U.S. Become a Nation of Apprentices? *The Chronicle of Higher Education*, 22 dez. 2015.

FLEMING, Kevin. *Redefining the Goal*: The True Path to Career Readiness in the 21st Century. CreateSpace Platform, 2016.

FREELAND, Richard M. How Practical Experience Can Help Revitalize Our Tired Model of Undergraduate. *The Chronicle of Higher Education*, 19 fev. 1999.

Ensino superior e formação para o trabalho

FREEMAN, Richard. *Overeducated American*. Nova York: Academic Press, 1976.

FROEBEL, Folker; HEINRICHS, Jürgen; KREYE, Otto. *The New International Division of Labour*. Cambridge: Cambridge University Press, 1980.

FURTADO, Celso. *O mito do desenvolvimento econômico*. Rio de Janeiro: Paz e Terra, 1974.

GONZALEZ, Jennifer. Apprenticeship Programs Expand With Help of Community Colleges. *The Chronicle of Higher Education*, 19 set. 2010.

GRAY, Kenneth Carter; HERR, Edwin L. *Other Ways to Win*: Creating Alternatives for High School Graduates. Thousand Oaks: Corwin, 2006.

GRUBB, W. Norton; LAZERSON, Marvin. *The Education Gospel*: The Economic Power of Schooling. Cambridge: Harvard University Press, 2007.

GRUBB, W. Norton; BADWAY, Norena; BELL, Denise. Community Colleges and the Equity Agenda: The Potential of Non-Credit Education. Boston: 2002. Disponível em: <https://www.jff.org/documents/1607/CCEquity.pdf>.

HACKER, Jacob. *The Great Risk Shift*: The New Economic Insecurity and the Decline of the American. Oxford: Oxford University Press, 2008.

HAMILTON, Stephen F. H. *Apprenticeship for Adulthood*. Nova York: Free Press, 1990.

HANDEL, Michael J. What Do People Do at Work?: A Profile of U.S. Jobs from the Survey of Workplace Skills, Technology, and Management Practices (STAMP). *Journal for Labour Market Research*, Institut für Arbeitsmarkt – und Berufsforschung (IAB – Institute for Employment Research, Nuremberg, Germany), v.49(2), 2016, p.177-197.

HANDEL, Michael et al. Measuring Job Content: Skills, Technology, and Management Practices, 2008.

HARRISON, Bennett. *Lean and Mean*: The Changing Landscap of Corporate Power in the Age of Flexibility. Nova York: Basic Books, 1995.

HAYAMI, Yujiro. The Peasant in Economic Modernization. In: ESCHER, Carl; STAAZ, John M. (Eds.). *International Agricultural Development*. Baltimore: The Johns Hopkins University Press, 1998.

HECKMAN, James J. Lessons from the Technology of Skill Formation. *NBER Working Paper* n.11142, fev. 2005. Disponível em: <http://www.nber.org/papers/w11142>.

_____; MASTEROV, Dimitriy V. The Productivity Argument for Investing in Young Children. *NBER Working Paper* n.13016, abr. 2007. Disponível em: <http://www.nber.org/papers/w13016>.

_____; CORBIN, Chase O. Capabilities and Skills. *NBER Working Paper* n.22339, jun. 2016. Disponível em: <http://www.nber.org/papers/w22339>.

_____; HUMPHRIES, John Eric; VERAMENDI, Gregory. The Non-Market Benefits of Education and Ability. *NBER Working Paper* n.23896, out. 2017. Disponível em: <http://www.nber.org/papers/w23896>.

_____; HILTON, Margaret. *Research on Future Skill Demands*: A Workshop Summary. Center for Education, Division of Behavioral and Social Sciences and Education. Washington, D.C.: The National Academies Press, 2008.

HEIDEGGER, Gerald. Scenarios of Work, Technology and Education for the Post-2000 Period. In: NIJHOF, Wim J.; BRANDSMA, Jittie (Eds.). *Bridging the Skills Gap between Work and Education*. Berlim: Springer Science+Business Media, 1999.

HOLZER, Harry J. Job Market Polarization and U.S. Worker Skills: A Tale of Two Middles. Brookings Institute, abr. 2015a. Disponível em: <https://scholars.org/scholar/harry-holzer>.

_____. Creating New Pathways into Middle Class Jobs. Progressive Policy Institute, Briefing Policy, maio 2015b. Disponível em: <https://www.progressivepolicy.org/wp-content/uploads/2015/05/2015.05-Holzer_Creating-New-Pathways-into-Middle-Class-Jobs.pdf>.

HULL, Glynda et al. *Changing Work, Changing Literacy?* A Study of Skill Requirements and Development in a Traditional and Restructured Workplace. Office of Educational Research and Improvement (ED), Washington D.C., 1996.

JANOSKI, Tomas; LEPADATU, Darina. *Dominant Divisions of Labor*: Models of Production that Have Transformed the World of Work. Londres: Palgrave MacMillan, 2014.

LEE, Linda. *Success Without College*: Why Your Child May Not Have to Go to College Right Now – and May Not Have to Go at All. Nova York: Broadway, 2001.

LERMAN, Robert. Are Skills the Problem?: Reforming the Education and Training System in the United States. In: BARTIK, Timothy J.; HOUSEMAN, Susan N. (Eds.). *A Future of Good Jobs?*: America's Challenge in the Global Economy. Kalamazoo, MI: W.E. Upjohn Institute, 2008, p.17-80. Disponível em: <http://research.upjohn.org/up_bookchapters/6/>.

_____. Can the United States Expand Apprenticeship? Lessons from Experience. *IZA Policy Paper*, n.46, 2012. Disponível em: <https://www.econstor.eu/handle/10419/91788>.

MACKINNON, Danny; CUMBERS, Andrew. *An Introduction to Economic Geography Globalization, Uneven Development and Place*. Edinburgh: Pearson Education, 2007.

MISHEL, Lawrence; TEIXEIRA, Ruy A. The Myth of the Coming Labor Shortage: Jobs, Skills, and Incomes of America's Workforce 2000. Economic Policy Inst. Washington, D.C., 1991. Disponível em: <https://eric.ed.gov/?id=ED346265>.

MORAES, Reginaldo C. de. *Estado, desenvolvimento e globalização*. São Paulo: Unesp, 2006.

_____. *Educação superior nos Estados Unidos:* História e estrutura. São Paulo: Unesp, 2015.

_____. *Modelos internacionais de educação superior*: Estados Unidos, França e Alemanha. São Paulo, Unesp, 2017.

_____. A ação afirmativa já teve outra cor. E durante muito tempo. *Jornal da Unicamp*, 7 set. 2017. Disponível em: <https://www.unicamp.br/unicamp/ju/artigos/reginaldo--correa-de-moraes/acao-afirmativa-ja-teve-outra-cor-e-durante-muito-tempo>.

_____. Distâncias sociais – a desigualdade distribuída ao longo dos trilhos do metrô. *Jornal da Unicamp*, 11 nov. 2018. Disponível em: <https://www.unicamp.br/

unicamp/ju/artigos/reginaldo-correa-de-moraes/distancias-sociais-desigualdade-
-distribuida-ao-longo-dos>.

NATIONAL COMMISSION ON EXCELLENCE IN EDUCATION. *A Nation at Risk: The Imperative for Educational Reform*. Washington, D.C.: U.S. Government Printing Office, 1983.

NATIONAL COMMISSION ON SECONDARY VOCATIONAL EDUCATION. The Unfinished Agenda. The Role of Vocational Education in the High School. Washington D.C.; Ohio State e Univ. Columbus. National Center for Research in Vocational-Education. Office of Vocational and Adult Education (ED),Washington, D.C.84300, 1985.

NATIONAL RESEARCH COUNCIL; COMMITTEE ON TECHNIQUES FOR THE ENHANCEMENT OF HUMAN PERFORMANCE; COMMISSION ON BEHA-VIORAL AND SOCIAL SCIENCES AND EDUCATION. The Changing Nature of Work: Implications for Occupational Analysis. National Academy Press, Washington, D.C., 1999. Disponível em: <http://www.nap.edu/catalog/9600.html>.

NATIONAL SCIENCE FOUNDATION. Human Resources for Science & Technology: The European Region. (NSF-96-316), 1996. Disponível em: <https://wayback.archive-it.org/5902/20150628120756/http://www.nsf.gov/statistics/nsf96316/pdfstart.htm>.

NELSON, Richard; WRIGHT, Gavin. The Rise and Fall of American Technological Leadership: The Postwar Era in Historical Perspective. *Journal of Economic Literature*, v.30, n.4, dez. 1992, p.1947.

NEW COMMISSION ON THE SKILLS OF THE AMERICAN WORKFORCE. Tough Choices, Tough Times – the Report of the New Commission on the Skills of the American Workforce. San Francisco: John Wiley & Sons, 2007.

NEWMAN, Katherine S.; WINSTON, Hella. *Reskilling America*: Learning to Labor in the Twenty-First Century. Nova York: Metropolitan Books, 2016.

NIJHOF, W.J.; BRANDSMA, Jittie. (Eds.). *Bridging the Skills Gap between Work and Education*. Berlim: Springer Science+Business Media, 1999.

OSTERMAN, Paul; WEAVER, Andrew. Why Claims of Skills Shortages in Manufacturing are Overblown. *Economic Policy Institute*, 26 mar. 2014. Disponível em: <https://www.epi.org/publication/claims-skills-shortages-manufacturing-overblown/>.

PARNELL, Dale. *The Neglected Majority*. Washington D.C.: The Community College Press, 1985.

PECK, Jamie. *Offshore* – Exploring the Worlds of Global Outsourcing. Oxford: Oxford University Press, 2017.

PILZ, Matthias. Why Abiturienten Do an Apprenticeship Before Going to University: The Role of "Double Qualifications" In Germany. *Oxford Review of Education*, v.35, n.2, abr. 2009.

PIORE, Michael; SABEL, Charles. *The Second Industrial Divide*. Nova York: Basic Books, 1984.

RAMÍREZ, Eddy; CLARK, Kim. What Arne Duncan Thinks of No Child Left Behind. *U.S. News*, 5 fev. 2009. Disponível em: <https://www.usnews.com/education/articles/2009/02/05/what-arne-duncan-thinks-of-no-child-left-behind>.

RAVITCH, Diane. *Vida e morte do grande sistema escolar americano* – Como os testes padronizados e o modelo de mercado ameaçam a educação. Porto Alegre: Sulina, 2011.

REICH, Robert. *The Work of Nations*: A Blueprint for the Future. Nova York: Simon & Schuster, 1991.

RITZER, George. *Mcdonaldization*: the Reader. Thousand Oaks: SAGE Publications, 2002.

ROSENBAUM, James. *Youth Apprenticeship in America*: Guidelines for Building an Effective System. Washington, D.C.: William T. Grant Foundation – Commission on Work, Family, and Citizenship, 1992.

_____. *Beyond College for All*: Career Paths for the Forgotten Half. Nova York: Russell Sage Foundation, 2001.

SCAHILL, Jeremy. *Blackwater*: The Rise of the World's Most Powerful Mercenary Army. Nation Books, 2007.

SCANS (SECRETARY'S COMMISSION ON ACHIEVING NECESSARY SKILLS). What Work Requires of Schools – A SCANS Report for America 2000. U.S. Department of Labor, jun. 1991.

SCHÖN, Donald. *Educando o profissional reflexivo*. São Paulo: Penso, 2000.

SELINGO, Jeffrey J. Rebuilding the Bachelor's Degree. *The Chronicle of Higher Education*, 13 abr. 2016. Disponível em: <https://www.chronicle.com/article/Rebuilding-the--Bachelors/236087>.

SIMON, Herbert A. *The Sciences of Artificial*. Cambridge: MIT Press, 1996.

SRNICEK, Nick. *Platform Capitalism*. Cambridge: Polity, 2016.

STAFFORD, Rosalie. *The Case Against College*: Why Everything You Have Been Taught about College is Wrong (Paradox of Progressivism). Lifeloom Books, 2012.

STEIN, Judith. *Pivotal Decade*: How the United States Traded Factories for Finance in the Seventies. New Haven: Yale University Press, 2010.

STROSS, Randall. *A Practical Education*: Why Liberal Arts Majors Make Great Employees. Redwood: Redwood Press, 2017.

SYKES, Charles J. *Fail U.*: The False Promise of Higher Education. Nova York: Hardcover, St. Martin's Press, 2016.

SYMONDS, W.; SCHWARTZ, R.; FERGUSON, R. Pathways to Prosperity: Meeting the Challenge of Preparing Young Americans for the 21st Century. Report issued by the Project, Harvard Graduate School of Education. Pearson Foundation, 2011. Disponível em: <https://www.gse.harvard.edu/sites/default/files/documents/Pathways_to_Prosperity_Feb2011-1.pdf>.

TAYT, Tamara. *Sleeping Giant* – How the New Working Class Will Transform America. Nova York: Doubleday, 2016.

TROW, Martin. *Twentieth-Century Higher Education*: Elite to Mass to Universal. Baltimore: Johns Hopkins University Press, 2010.

U.S. DEPARTMENT OF EDUCATION. The Vision of Education Reform in the United States: Secretary Arne Duncan's Remarks to United Nations Educational, Scientific and Cultural Organization (UNESCO), Paris, France. U.S. Department of Education. 4 nov. 2010. Disponível em:<https://www.ed.gov/news/speeches/vision-educa-tion-reform-united-states-secretary-arne-duncans-remarks-united-nations-ed>.

U.S. GOVERNMENT ACCOUNTING OFFICE. *Public Community Colleges and Technical Schools*: Most Schools Use Both Credit and Non-Credit Programs for Workforce Development. Washington, D.C.: Government Printing Office, 2005.

WILLIAM T. GRANT FOUNDATION ON WORK, FAMILY AND CITIZENSHIP. The Forgotten Half: Non-College Youth in America. An Interim Report on the School--to-Work Transition. Washington D.C.: William T. Grant Foundation, jan. 1988a.

_____. The Forgotten Half: Pathways to Success for America's Youth and Young Families. Washington D.C.: William T. Grant Foundation, nov. 1988b.

XU, Di; RAN, Xiaotao. Noncredit Education in Community College: Students, Course Enrollments, and Academic Outcomes. Community College Research Center, Working Paper n.84, set. 2015. Disponível em: <https://www.luminafoundation. org/files/resources/noncredit-ed-in-community-college.pdf>.

SOBRE O LIVRO

Formato: 16 x 23 cm
Mancha: 27 x 48,6 paicas
Tipologia: StempelSchneidler 10,5/12,6
Papel: Off-White 80 g/m² (miolo)
Cartão Supremo 250 g/m² (capa)
1ª edição Editora Unesp: 2019

EQUIPE DE REALIZAÇÃO

Edição de texto
Fabiano Calixto (Copidesque)
Carmen T. S. Costa (Revisão)

Editoração eletrônica
Sergio Gzeschnik

Capa
Grão Editorial

Assistência editorial
Alberto Bononi

www.mundialgrafica.com.br